当代大学生心理健康与全面发展研究

吴汉玲◎著

中国原子能出版社

图书在版编目（CIP）数据

当代大学生心理健康与全面发展研究 / 吴汉玲著
. -- 北京：中国原子能出版社，2022.9
ISBN 978-7-5221-2130-7

Ⅰ．①当… Ⅱ．①吴… Ⅲ．①大学生－心理健康－健
康教育－研究 Ⅳ．①G444

中国版本图书馆 CIP 数据核字（2022）第 172247 号

当代大学生心理健康与全面发展研究

出版发行	中国原子能出版社（北京市海淀区阜成路 43 号 100048）
责任编辑	杨晓宇
责任印制	赵 明
印　刷	北京天恒嘉业印刷有限公司
经　销	全国新华书店
开　本	787 mm×1092 mm 1/16
印　张	11.5
字　数	219 千字
版　次	2022 年 9 月第 1 版　　2022 年 9 月第 1 次印刷
书　号	ISBN 978-7-5221-2130-7　　定　价 72.00 元

前　言

随着社会的快速发展，社会分工不断得到细化，这对大学生的综合素质和专业技能提出了更高的要求。社会的发展对大学生群体既是机遇又是挑战，在这个过程中，拥有良好的心理健康状态的学生往往能够快速地适应各种形势的变化，从而在工作和学习中能够拥有更多优势。大学生心理健康不仅关系到大学生个体正常学习、成长、幸福生活，还影响着我国 21 世纪人才的总体质量、中国综合国力和中华民族伟大复兴梦的实现。然而，个体遗传特征、家庭教育、环境、经济等诸多原因使得部分大学生容易产生焦虑感、出现抑郁等心理问题，大学生群体的心理健康问题已经成为近些年全社会关注的话题。人的全面发展理论所包含的内容在不同时期以及不同背景下内涵也会有所不同，在当下素质教育的背景下，大学生的全面发展主要在于各项素质的协调发展以及个性化发展，而大学生能够全面发展的首要前提是具备良好的心理素质，因此，各大高校应逐渐加强对大学生心理健康教育的重视。基于此，本书将围绕当代大学生心理健康与全面发展展开论述。

全书一共包括五章，第一章主要介绍大学生心理健康概述，主要包括四节内容，分别是第一节健康与心理健康、第二节大学生心理发展特点、第三节大学生心理健康的标准、第四节影响大学生心理健康的因素；第二章是对大学生常见心理问题进行论述，主要包括四节内容，依次是第一节大学生自我意识问题、第二节大学生人格问题、第三节大学生情绪问题、第四节大学生人际交往问题；第三章是对大学生生命教育与心理危机干预进行了阐述，主要包括两节内容，分别是第一节大学生生命教育、第二节大学生心理危机干预；第四章主要对大学生的心理健康教育进行介绍，包括四节内容，分别是第一节大学生心理健康教育的内涵、第二节大学生心理健康教育的课程建设、第三节大学生心理健康教育中辅导员工作、第四节多维视角下的大学生心理健康教育；第五章为大学生心理健康与全面发展的研究，在这一章主要介绍了四个方面的内容，依次是第一节新时代大学生全面发展的概述、第二节基于全面发展理论的心理健康教育、第三节大学生全面发展教育的实现路径、第四节大学生全面发展教育的创新手段。

在撰写本书的过程中，作者得到了许多专家学者的帮助和指导，参考了大量的学术文献，在此表示真诚的感谢。

本书内容系统全面，论述条理清晰、深入浅出，但由于作者水平有限，书中难免会有疏漏之处，恳请同行专家和读者朋友批评指正！

作　者

目　录

第一章　大学生心理健康概述

本章主要介绍大学生心理健康概述，主要包括四节内容，分别是第一节健康与心理健康、第二节大学生心理发展特点、第三节大学生心理健康的标准、第四节影响大学生心理健康的因素。

第一节　健康与心理健康

一、健康概述

（一）健康的概念

世界卫生组织于 1948 年提出了健康的定义："健康是一种生理、心理和社会适应都日臻完满的状态，而不仅仅是没有疾病和虚弱的状态。"[①] 而在 1989 年，世界卫生组织重新对健康进行界定，这次改动在原有对健康范畴中新增添了心理健康和道德健康，即"健康不仅仅是身体健康，而且还包括心理健康、社会适应良好和道德健康"[②]。

（二）健康的标准

随着时代的高速发展中，人们对健康的认识也在不断加深，在已有的基础上，世界卫生组织对健康对内在含义再次进行了丰富，并总结出了十条关于健康的标准。

---

① 世界卫生组织，袁波、马涛译.世界卫生组织概况 [M].北京：人民卫生出版社.
② 同上.

（1）有足够充沛的精力，能从容不迫地担负日常工作和生活，而不感到疲劳和紧张。

（2）积极乐观，勇于承担责任，心胸开阔。

（3）精神饱满，情绪稳定，善于休息，睡眠良好。

（4）自我控制能力强，善于排除干扰。

（5）应变能力强，能适应外界环境的各种变化。

（6）体重正常，身材匀称。

（7）牙齿清洁，无空洞，无痛感，无出血现象。

（8）头发有光泽，无头屑。

（9）反应敏锐，眼睛明亮，眼睑不易发炎。

（10）肌肉和皮肤富有弹性，步伐轻松自如。

世界卫生组织于 1999 年颁布了"五快"的机体健康标准和"三良好"的精神健康标准这一身心健康新标准，目的是让人们对健康含义的认识更加清楚[①]。

机体健康"五快"是指快食、快睡、快便、快语、快行。快餐指的是不挑食、不偏食，进食时会感到心情愉悦，吃得有滋有味；快睡就是一夜好眠，一觉睡醒就是天亮；快便就是指在有便意的情况下，可以轻松畅通地排泄；快语是指口语流畅，语言表达规范，思维敏捷；快行的意思是动作的协调和步伐的轻松有力。

良好的个性、处世态度及人际关系精神健康共同构成"三良好"精神健康标准。其中，良好的个性是指温和的性格，有着得体的言行，没有压抑和冲动的感觉；良好的处世态度是指能以现实与自我为根基，在社交时能被大部分人接受；良好的人际关系的意思是与人相处和睦，言行得体。

从这些内容中可以看出，健康有两层含义，第一层含义的健康并不只是指身体健康。除了要保持身体的健康之外，还必须要有健康的心理状态，这样才可以说是真正意义上的健康。第二层含义指的是身心的和谐，即心理健康和身体健康两者紧密相连，相互影响、相互作用。个体的身体健康一旦发生问题，就会导致情绪的低落，从而影响到心理的健康。如果一个人的精神状态出现问题，如情绪低落、精神压力过大等，都会引起身体不适，严重者还会有躯体化的症状。健全心理以健康的身体作为不可或缺的基础，健康的身体也依赖于自身健全的心理状态。

---

① 乔治·罗森. 公共卫生史 [M]. 南京：江苏译林出版社，2021.

二、心理健康概述

（一）心理健康的概念

心理健康教育（mental health education），即心理素质教育，简称"心理教育"或"心育"，其主要目的在于促进教育对象心理发展与适应及维护心理健康，该教育实践活动通过心理科学的方式，对教育心理的各层施加积极影响。心理健康教育的关注点并非教育"健康"与"不健康"，而是重点关注人的教育，其教育的根本目的是促进人的发展。

（二）心理健康的标准

人的身体健康有一定的标准，其中也包括心理健康。然而，与生理健康标准不同的是，人们对心理健康的标准是因人而异的。一方面，可以通过情绪和行为来判断人的部分心理状态是否正常或健康，但还有部分心理是仅存于内心体验和意识中的。另一方面，人的心理健康并不是恒定的，而是在正常与异常、常态与变态之间有所转换，且并没有明确的分界线。这就是生理健康标准不像生理健康标准那样具体客观的原因所在，因而难以得到统一。

世界心理卫生联合会已经就心理健康提出了以下的具体标准。

（1）身体、智力、情绪十分协调。

（2）适应环境，人际交往中能彼此谦让。

（3）有幸福感。

（4）在学习和工作中，能充分发挥自己的能力，过着有效的生活。

尽管不同的心理学家有着不同的心理健康标准，但一般情况下都会从以下四个方面入手，对心理健康状况进行评估：

一是经验标准。当事人以自己的主观感受作为标准来对自身健康进行判断，而研究者则根据自己的经验来判断当事人的心理健康。但是，因为不同人拥有不同的先天基因，经历着不同的后天环境，所以经验标准更注重当事人个人的主观心理感受。

二是社会适应标准，即以社会中大部分人的正常状态为参考标准，以当事人对常态是否适应作为心理是否健康的衡量标准。例如，在评估大学生的心理健康状况时，应充分考虑大学生这一群体在生理、心理和社会发展的特点。比如在处理人际关系方面，部分大学生不能和大多数人建立起良好的人际关系，这就是一个值得注意的重要问题。

三是统计学标准，通过大量的正常心理特征测量来获得一个常模，并将当事人与常模进行对比，以此来对当事人的心理健康进行评估。在心理学研究中，使用最多的便是统计学标准，研究者根据个体心理测验结果和常规模型的比较来判断他们的心理健康状况。

四是自身行为标准，人们会在生活经历中养成一种稳定的行为模式，也就是所谓的正常标准。通过对个人当前的行为模式和过去常态的行为模式进行对比可以判定其心理健康状况。比如一个以前很抠门的同学，从来不和别人分享自己的东西，却突然有一天把自己珍贵的东西都分给了室友，这就很值得注意了。

心理学家采用上述四项标准来对人的心理健康水平进行评估，大学生同样也可以根据上述的心理健康标准来对自己和他人进行评估，并及时地发现问题，进行自我调整，在需要的时候可以向别人寻求帮助，从而使自己的心理健康水平得到提升。

第二节　大学生心理发展特点

一、大学生普遍存在的心理问题

（一）逆反心理

逆反心理在大学生成长过程的各个阶段都有可能发生，并且有多种表现。所谓的逆反心理在心理学上指客观环境与主体需要不相符合时产生的一种心理活动。大学生大部分刚刚脱离高中生阶段，年龄15～18岁，正处于成人前期。虽然身体和认知能力有了很大的发展，但心理不够成熟，做事容易冲动，个性较强。他们的世界观、人生观、价值观虽已初步形成，但心理承受能力和调节能力仍然较弱。

1.个性强

大学生年龄普遍偏小，心智很不成熟，个性比较鲜明，自我意识强，且极易以自我为中心，他们性格独立，不喜欢依赖别人。这些个性较强的同学容易产生逆反心理，而这种逆反心理的实质可能是自我表现，也可能是自我保护。很多班主任对于这些个性较强的学生，常常不明白他们的心理，认为他们是一群不听话、不服管教的问题学生。其实班主任只要多了解一下他们的心理，找出产生这种心理的原因，相信许多问题都会迎刃而解。

2.脾气大

很多学生不仅在思想上要求自由，自我意识较强，遇到事情情绪波动比较大，容易发脾气，而且在行动上还具有反抗性，常常以"暴力"的形式表现出来。比如老师让他做作业，他非但不听，还发脾气，顶嘴或用破坏物品等形式表示反抗。有时班主任找他谈心，他也不能平心静气交流，甚至还把班主任的好意曲解。这也是典型的逆反心理的表现。针对这些脾气暴躁的学生，班主任要学会用不同方法区别对待，更不能"以暴制暴"，需要长时间慢慢引导，春风化雨式地对待。因为他们喜欢听好话，不喜欢批评，如果硬碰硬反而把事情搞僵，更起不到教育的效果。

3.排外性

有些学生的个性中有着很强的排外性，他们喜欢独处，不喜欢集体生活，享受孤独的生活，性格上有点孤僻。他们喜欢沉浸在自己的世界里，不喜被外界所打扰，对外界的人和事比较冷漠。比如和他说话，他爱答不理，冷眼旁观。这类比较排外的学生也有着很强的逆反心理。班主任很难与这些学生真正地沟通交流，或深入到学生的内心世界，学生对班主任老师也是不信任的。这类学生逆反心理一旦形成，不会轻易转变，可能需要很漫长的过程。

（二）不成熟心理

从年龄上来说，大学生虽然已经在法律层面上成为成年人了，但是他们的身心都还处于青年期阶段，他们习惯用自己的标准来衡量和要求别人，忽视人际关系，导致人际交流不顺利；对完美主义存在错误理解，经常关注、放大错误，对自身的错误有很高的容忍度，自我认知不足且以自我为中心，致使人际关系紧张；不允许自己失败，不能接受不完美的自己，挫败感比一般人强，抗挫折能力却不高，一旦失败就会产生强烈的消极情绪甚至是崩溃。身体成熟和心理不成熟之间的矛盾，再加上大脑的使用频繁又复杂，让学生越来越没有自知之明，逐步丧失自我实现与自我认同感，当他人质疑、否定他们的时候，他们的信心和自尊心就会受到极大的伤害，最后会跌落谷底。

（三）自卑心理

高校里有很多家庭条件好的学生，也有需要通过申请助学金才能完成学业的学生。高校住校制度是按班级、学号、性别来划分宿舍的，混合式住宿会出现家庭条件存在差距的同学同住一间宿舍的情况，在这种情况下，物质条件攀比时有发生。不少学生来自欠发达地区，不同的文化、生长环境导致这些学生很难融入宿舍群体，如果没有足够的交际能力来处理社交方面的问题，很可能会因此患上心理疾病。

二、大学生心理发展特征

国内学者张增认为，大学生主要处于成人前期，从其心理发展水平来说，正在走向成熟而又未真正成熟。的确如此，大学生的生理状况已经基本成熟，但是，单从心理发展状况来看，大学生在调控情绪、社会适应等方面还有待进一步发展，如此看来，大学生只能算是"准成人"。总体来讲，大学生的心理特征可以概括为以下几点。

（一）主体意识较强，但集体意识较差

尽管国家已经开放实施三孩政策，但当前学生中仍以独生子女为主，"4+2+1"的家庭结构使得他们在成长过程中一直备受家人关爱。同时，家长在培养子女学习的过程中，也十分注重对子女个人性格的培养。这些因素使大学生的主体性意识日益加强，导致他们总是以自己为中心，在对待身边的人和事时，往往会更多地注意自己的情绪，只顾自己的利益，而忽视了与他人的交流和协作。大多数大学生在进入大学后都是第一次接触到集体生活，他们仍会像在往常的生活中一样表现出自己的性格，渴望拥有属于自己的空间，追求自己的话语权，不会妥协或者退让。在个体利益和群体利益发生矛盾时，他们会优先为自己着想而忽视别人的感受，从而在构建人际交往关系的过程中遭遇挫折，进而产生难以调节的人际矛盾。

（二）网络依赖性较强，但心理承受能力较差

现在的大学生生活在飞速发展的网络时代，随着网络和移动电话的普及，他们已经习惯了通过网络获取资源和表达自己的想法，且更习惯通过微博、QQ等社交平台和应用来构建自己的社交圈子。与此同时，由于我国大学生家长的教育

水平普遍提高，故此他们不但关心子女的成长，而且也十分重视自身的发展。因为家长与大学生之间的陪伴时间相对较短，一些家庭中的亲密关系也存在着一些问题，种种因素使得大学生不太适应与周围的人交流，同时也使他们更加依赖于网络。然而，由于虚拟网络和真实的生活环境有很大的差异，过度依靠网络会使大学生在现实生活中无法构建起一个可靠的支撑系统，这会让他们在遭遇困难时感到孤独。随着时间的推移，他们会变得越来越封闭，不再打开心扉，很多小问题都会被放大，再加上长期缺乏他人的关爱，导致他们的心理承受能力越来越差，一旦遇到问题，就很可能会出现极端行为。

（三）竞争意识较强，但情绪调节能力较差

目前，"00后"是大学校园的主力军，他们独立自主的意识更强，更加知道自己想要什么，也更期待获得外界的肯定。但随着社会竞争的日益激烈，无论是想要获得物质上的富足，还是精神上的成功都变得越来越具有挑战性。大学生如果想要获得更多的来自外界的认可与荣誉，就意味着他们要更加积极主动地展示自我。所以，大学生往往拥有强烈的竞争意识。

但对自己过高的要求在成为大学生前进动力的同时，也给他们带来巨大的压力。而有些大学生只知道一味地追求目标，却不懂得如何调整状态、释放压力、宣泄不良情绪，极易出现诸如自卑、敏感、偏执、焦虑等问题，从而给健康成长带来阻碍。

三、大学生心理特征的形成原因

（一）社会环境方面

如今的人们正处于一个错综复杂、变幻莫测的时代，这是由于科学技术和网络技术的发展，使得人类的生活产生了巨大的变化。在复杂的情境下，学生会觉得新奇、刺激，常常会失去理性的判断力，对各种信息不假思索地全盘接受，不能辨别是非。尤其是某些不良媒介的内容侵蚀、蛊惑人心，使大学生逐渐产生多疑、冷漠、偏执甚至是不合群的病态性格。在现实世界中，他们的张扬性格一旦和社会发生矛盾冲突，就很容易形成逆反心理。这是社会大环境对大学生逆反心理的影响。

（二）学校教育方面

由于部分高校是自筹经费的民办学校，待遇低下而致使师资力量相对薄弱，难以配备专业、全职的心理咨询老师，因此，大部分院校都会对辅导员进行培训，使其兼职心理咨询教师的工作。但是，辅导员本就事务繁忙，很难对学生的心理健康状态进行实时的动态跟踪，即使发现有心理危机的学生，辅导员也很难把繁杂的行政事务放下而对学生进行全方位的危机干预，来帮助学生解决心理问题。

（三）家庭环境方面

部分大学生来自单亲家庭，有些大学生的成长过程并不完全，甚至是畸形的，这会给他们的心理带来一定的冲击。许多学生对此都有强烈的自卑感，他们会刻意地表现出自己的强大，以此来隐藏自己的自卑心理。然而这样做会恰恰会让他们更加不适应社会，更以自我为中心，更容易产生逆反心理。再有就是一些大学生的父母长期在外打工，把自己的孩子交给了爷爷奶奶，爷爷奶奶对孩子的格外宠溺更让他们像不受约束的野马。习惯常年肆意奔跑的他们突然进入了一个管理森严的学校，再加上老师的约束，便很容易出现逆反心理。此外，有些大学生还存在家庭氛围不和谐的情况，父母之间常有分歧、敌对情绪、争执，使他们在这种矛盾、紧张、焦虑、不安的环境中长大，他们才会过早地封闭自己，产生了内心的孤独感，这也是逆反心理产生的原因。还有的父母对子女的期望值过高，教育方法却过于简陋，"望子成龙""望女成凤"的他们对子女寄予厚望，希望他们各方面都是达到最佳，却忽略了他们的兴趣和能力，不了解他们的真实需求，当内在需求长期无法得到满足时，孩子们就会出现逆反心理，甚至可能会自暴自弃。所以，孩子的健康成长需要良好的生长环境，其中家庭环境是特别重要的，给孩子一个健康、正常、温暖的家庭环境，对于他们的成长是非常有益的。

除此以外，大学生虽然已为成年人，但其仍与原生家庭进行捆绑，在不和谐的原生家庭成长的学生会带有一些负性情感，原生家庭的伤害所带来的情感体验会让他们在进行人际交往时更加谨慎、自私，多疑的性格和强烈的保护欲让他们对身边的人和事难以建立信任感，往往容易形成偏激、固执、易怒、脾气暴躁的性格和抑郁、猜疑、妒忌等负面情绪，为产生心理问题埋下隐患。家长的过度付出和较高期望甚至一些简单粗暴的管教方式都会对学生性格的形成和自身价值观的建立产生重大影响。尤其当他们高考落榜来到高校时，会觉得辜负了父母的期望，从而对自身能力产生怀疑，甚至觉得自己一无是处，慢慢地心理上就会产生一种罪恶感。如果这种罪恶感越积越多，大学生在面对社交、学业、情感等问题时就容易产生较为偏激的思维方式甚至会陷入一些奇怪的思维之中难以自拔。

（四）学生自身方面

很多学生在从高中进入大学时，心理发生着很大的变化，他们把自己当成一个大人，比较有自我意识，自主意识和好奇心都很强，大人越不允许做的事他们就越想做。而班主任却把他们当成小学生看待，处处管制他们的行为，这就使学生比较抵触，久而久之产生逆反心理，到了一定的时候因为某件事而爆发出来。所以有的班主任可能会常常遇到这样的问题：有的学生平时很听话，让做什么就做什么，却会在某个瞬间突然发脾气。这是因为班主任平时忽视了学生的心理，其实这个学生本来就有着很强的个性，先前只是一直压抑自己，现在积累到一定程度终于爆发了。

人对外界的认知是慢慢成熟起来的，而大学生的心理往往很不成熟，社会经验又不足，对待问题不能公正、客观、全面地评价，他们常常带着自己的情感因素看待问题，缺乏正确的判断力，对外界多是抱怨和批评，久而久之容易出现极端行为。

心理冲突问题是现实困境的投影，而现实困境很大程度源于学生对社会化认识不足，主要包括以下两个方面。

1.认知社会化不足

认知社会化不足即个体对自我和外界环境的认知不清晰，没能随社会环境的改变而及时更新。

其一，走出了以往中学阶段那种评价标准单一且明确的应试教育体系，学生初入大学这个小社会，不可避免地会产生一种茫然感，这种茫然首先是源于自我认识不清，目标模糊，不清楚自己想要什么、想要成为什么样的人、通过哪些努力可以达到目标，甚至出现同一性矛盾，或是眼高手低、盲目自信，或是"自卑到尘埃里"，这两种极端的自我认知很容易诱发焦虑、抑郁的心理问题。

其二，从高中过渡到大学，环境相对宽松，评价标准多元化，从而使学生产生无所适从、飘忽不定的感觉。有的学生规则意识淡薄、行为无边界，在大学虚度光阴；有的学生则继续小心翼翼，承担了很多无谓的压力。不管是内究过程中的自我期望模糊，还是外探过程中的适应压力，都会引发大学生的心理问题。

2.行为社会化不足

行为社会化不足是指认识社会化程度不足在具体行为上的反应，而个人的具体行动则主要取决于其扮演的社会角色。从社会角色的角度出发，可以对当代大学生的交际关系进行以下几个简单划分。首先是在朋友辈分的交际关系中，很多大学生在与同学、朋友发生冲突时往往会选择冷战或者暴力的极端手段，这会让问题变得更加严重，轻则暴怒、失眠，重则危及生命。其次就是男女朋友的恋爱关系。恋爱关系的本身是现实的，但有些学生在爱情中太感性、太理想化，如有些同学渴望爱情却爱而不得，陷入了自我否定的怪圈之中无法自拔；有些学生在感情中没有掌握好自己的尺度，过分的控制欲望或自卑导致了感情的不平衡甚至破裂；有些同学在感情上遇到了冲突，就会采取冷暴力的态度，从而加剧了双方的矛盾。再次是家庭关系。父母的过度干涉、对孩子的忽视、对孩子的不理解或者把家长之间的矛盾转移到孩子身上，都会导致孩子产生心理危机。最后是大学生与社会的关系，这种人际关系在大学生毕业之后的求职过程中尤为明显，部分大学生在求职过程中出现了社交恐惧障碍，不知道该怎么与他人交流，进而导致了焦虑心理的产生，这很大程度上是职业准备和社会化意识方面的不足而造成的。

第三节　大学生心理健康的标准

社会的飞速发展给大学生的思想观念、价值取向及行为方式都带来了巨大影响。但是，这种影响是促进还是阻碍大学生的发展就因人而异了。尤其是很多生活阅历相对较少的大学生，欠缺处理问题的经验，想让其自身特点与社会迅速变化之间达到平衡状态，并不是容易的事情。一旦无法处于和谐状态，大学生就容易出现各种各样的心理问题。想要解决这个问题，就需要全社会共同关注大学生心理健康，不断提高大学生的心理健康水平，助力大学生身心全面发展。

一、智力正常

智慧是一个人的观察力、注意力、记忆力、想象力、思维力、创造力和实践活动能力的综合反映，它发挥着保障大学生正常进行学习、生活、工作活动的重要作用，是大学生获得知识、解决问题的重要保障和手段。也是大学生进行社会适应必需的心理保证。大学生智力正常与否的衡量标准也取决于他们是否正常和充分地发挥自我效能，即是否具有较强的求知欲、愿意主动地参加学习活动。

二、情绪健康

情绪健康的标志是情绪稳定、心情愉快，积极情绪多于消极情绪，对生活充满希望，善于控制自己的情绪，在遇到问题时能够适当地表达和发泄自己的情绪。比如，一些大学生在承受就业压力时，能够进行合理的分析，并通过诸如跑步等健康方法来减轻自己的压力。然而也有一些大学生借酒消愁，通过酗酒来麻痹自己，从而逃避现实，这些大学生必须学会如何调节自己的情绪。

三、意志健全

意志是一个人在进行一项有目标行为时作出选择、决定和执行的心理过程。意志健全的大学生在学习和参加各种活动中具有很高的自觉性、果断性、顽强性和自控能力。特别是在面对困难和挫折时，这些学生能冷静地处理好自己的情绪，做出正确的应对，而不是因为害怕困难而退缩，也不会鲁莽行事。

四、人格完善

人格完善是指个体在思想、言语和行为上达成统一和协调，并具有健全统一的人格。人格完善主要表现为：人格构成的各个因素完整；自我意识正确，自我同一性不会发生混乱；以积极的人生观为人格核心，并将自己的需要、目标、行动结合在一起。大学生应当为自己的将来设定一个合理的人生目标，并且在学习、生活等各个方面为之奋斗。

五、自我评价正确

自我评价正确是大学生心理健康的重要条件，是指个体在进行自我观察、认定、判断和评价时，能够客观地认识自己，摆正自己的位置，接纳自己的现状。就像有些大学生可以正视现实，既不会在某些方面不如自己的人面前骄傲自大，也不会在比自己强的人面前自卑怯懦，这就是自我评价正确的表现。

六、人际关系和谐

人际关系和谐表现为：乐于与人交往，既有广泛而深厚的人际关系，又有知心朋友；在交往中保持独立而完整的人格，有自知之明，不卑不亢；能客观评价别人和自己，善取人之长补己之短，宽以待人，乐于助人，积极的交往态度多于消极的交往态度，且交往动机端正。大学生的寝室室友来自全国各地，生活环境和地域文化的差异使他们在很多事情上的看法都不一致，但是在交往过程中，懂得人际交往的大学生就会求同存异，不会事事都斤斤计较，这样的寝室关系就会很和谐。

七、社会适应正常

客观现实环境维持良好秩序，个体需要通过客观观察来获得正确的理解，在面对各种情况和困难时不退缩，而是采用有效的方法去应对它们；同时也要根据环境特点和自我意识情况去协调，或者通过调整环境来适应个人的需求，或者对自身进行调整来适应环境。一些大学生不能和同学们正常相处，所以他们不愿意参加团体活动，其中有些人甚至离开宿舍走读，这都是适应能力差的表现。

八、心理行为符合大学生的年龄特征

大学生作为一个处在特殊年龄阶段的特殊社会群体，其心理行为特征必须与其年龄和身份角色相匹配。

在正确认识和使用大学生心理健康标准时，要从辩证的角度出发，从两方面考虑大学生的心理健康。

首先，心理不健康与拥有不健康的心理活动行为表现并不等同。在大学生成长的过程中，难免会出现一些发作性问题，从而产生心理上的压力，这对于任何一名大学生来说都是极其正常的。大学生的不健康心理或行为不能说明他们有心理问题，更不能说明他们有心理障碍。

其次，心理健康并不是处于恒定状态的。许多心理问题都会随着时间和事物的发展而消失。就算大学生在某个阶段中有心理上的问题，也不代表该学生就会一直带有这个问题生活下去。因此，要从动态的、变化的角度出发去看待大学生的心理健康问题。

第四节　影响大学生心理健康的因素

大学生的心理健康状态是一个复杂的动态过程，更是许多因素共同作用的结果。影响大学生心理健康的因素有很多，主要包括个体生理因素、自身心理因素及环境因素。

一、大学生自身因素

（一）遗传因素

通常情况下，人类的心理活动无法被遗传。然而，人的身体和心理是一体的，作为身心具备的整体，身心与遗传之间存在着紧密的联系。基因对人的性格、智力、神经及其行为特征都会产生很大的影响。大量的调查及临床观察显示，精神病患者家族中有相当一部分人罹患精神病或是在精神方面存在异常表现，如智力发育不全、性格古怪、狂躁、抑郁。除此之外，以躁郁症及精神分裂症病人家属患病率为例，精神病发病的成因中的确存在着显著的血缘要素，且血缘关系愈密切，发病率愈高，从中可见遗传因素的影响之大。

（二）大学生自身心理因素

大学生的心理健康状况与他们的心理素质、心理承受能力息息相关。同一事件发生在不同大学生身上，对于大学生来说意义不尽相同，所以其对大学生的心理健康也会产生不同的影响。总体上来说，大学生的认同危机、个性缺陷、心理素质不完善、情感发展不稳定等因素导致了大学生对同一问题往往有着不同的评价态度，进而使得其心理健康上所受到的影响存在差异。

二、环境因素

环境因素也是影响大学生心理健康的重要因素之一。对于大学生而言，环境因素主要包括社会因素、家庭因素及学校环境因素。

（一）社会环境

社会因素主要是指社会环境中的各种因素，如社会制度、社会关系、劳动条件等。社会环境的变化对身处社会中的每一个人都会产生强烈的影响。

（二）家庭环境

家庭因素主要涉及四个方面，即家长的教育态度和方式、家庭情绪氛围、家庭结构变化、家庭经济状况，家庭因素对个人的心理存在着极其显著的影响。家长永远都是孩子的第一位教师，家长对子女的教育方式将直接影响儿童的行为与心理；家庭中的情感氛围是指家庭成员在言语交流中所形成的人际氛围，它是大学生拥有良好心理品质的重要条件，会对其心理健康产生直接影响；家庭结构变化是指家庭成员的组成发生了改变，当大学生无法接受这种改变时，家庭结构会对他们的情绪造成一定的影响。如果家庭结构在大学生的童年时期出现无法接受的改变，将会对他们的人格等各方面造成一定的影响。家庭经济状况是指家庭成员在家庭中的全部收入、家庭财产以及家庭硬性开支。家庭经济状况不佳的大学生很容易因贫穷而产生自卑感，这种影响是长期而持久的。然而，近年来研究人员发现富裕家庭所培育的子女的心理也有一定的问题。如家长对子女的物质需要过分满足，会使他们的欲望无限膨胀，而一旦他们的欲望无法得到满足，他们就会失去控制。另外有些大学生走上了另一种极端，那就是由于愿望始终都能得到满足而失去了目标，产生了一种虚无感，他们认为一切都是毫无意义的。这些都会对大学生的心理健康造成一定的影响。

（三）学校环境

学校环境也是值得我们关注的影响大学生心理健康的因素。对于大学生而言，从高中进入大学这一过程涉及环境的变迁。进入大学，大学生的学习、生活环境都发生了变化，开始了相对独立但又无法脱离集体的生活，这就要求大学生既要照顾好自己，又要懂得照顾他人。这对于大学生是一个不小的挑战，一旦处理不好，大学生就会感到焦虑、压抑甚至抑郁。

（四）网络环境

1.网络的主要特征

（1）方便快捷与高效性。网络能够帮助人们随时了解和获取各方面所需信息，并大大降低成本，节省开支，极大地提高工作效率。

（2）开放性与共享性。网络不受国界、地域的限制，也不受时间和空间的限制，人们可以在网络上共享资源、自由交流。

（3）平等性与自由性。网络里没有社会地位、经济、文化、职业岗位、兴趣爱好、宗教信仰、性别、年龄、贫富、价值取向、种族、家庭出身等诸多方面的差别显示，而是以互悦互重、平等友好的方式来进行交流。

（4）虚拟性与隐匿性。网络是一个虚幻的世界，人们可以使用代号或虚假的姓名随心所欲、不负责任、不计后果地发表自己的观点和看法。

（5）形象性和生动性。网络具有图文并茂、声色俱全、形象生动的特点，向人们呈现了真实的表现效果，感染力极强。

（6）内容丰富性和覆盖面广泛性。网络里的内容包罗万象，可以说无所不有，网络已走进了千家万户，极大地丰富了大学生的课余生活。

2.网络环境对大学生心理健康的负面影响

（1）认知问题。网络的自由性、平等性和内容的丰富性，可以在某种程度上弥补大学生的心理空虚，使其获得精神上的慰藉，让他们有一种表面上的安全感。这种安全感会让部分大学生对现实产生误解，他们会认为相比于纯洁、真实、和善的网络相比，现实黑暗且虚伪。

（2）情绪问题。互联网的虚拟化特点，让人们面对面的交流和沟通变得越来越少，尤其是一些大学生在网上的沟通中会遇到感情上的骗子，让他们变得冷漠，不再相信世界和人性都是美好的。

（3）伦理道德问题。网络具有隐匿性的特点，能够潜移默化地影响人类的道德，很多大学生通过网络来辱骂、诽谤、攻击别人，以此来发泄自己对现实世界的不满。随着时间的推移，这种行为会使大学生的现实观念逐渐淡化，甚至会让他们忽略现实中的社会规范和道德约束。

（4）意志消沉，战意全无。一些大学生对互联网的痴迷使他们失去了最初的抱负和理想，忘记了自己的人生目标，心中充满了空虚和迷惘，从而导致了他们的学习退步，甚至荒废学业。

（5）行为问题。人的行为是人的思想的外在表现，互联网上虚假、低俗，甚至反动、淫秽、暴力的信息层出不穷，一些大学生会受其诱惑或者出于好奇心而模仿网络信息中的事件和行为，个别学生甚至因此而误入歧途，步入犯罪之路。

第二章　大学生常见心理问题

本章是对大学生常见心理问题进行论述，主要包括四节的内容，依次是第一节大学生自我意识问题、第二节大学生人格问题、第三节大学生情绪问题、第四节大学生人际交往问题。

第一节　大学生自我意识问题

自我意识是每一个人都拥有的。实际上，自我意识是个体对自身内外部状态的一种认知和体验，涵盖两部分内容：一部分是如自我思维、情感和意志力等内在意识；另一部分是如社会中的环境意识、专业能力意识、发展意识等外在意识。正是内外部多种意识的综合作用和影响，个体才能塑造自身思想价值观念、审美与人格、感受体验能力等。

一、当代大学生自我意识发展特点

（一）大学生自我认识主动性较强

如今的大学生对自身优缺点很是关注，对于自身个性发展更是特别看重，尤其在意他人对自身的评价，渴望自我才能的实现，以及品德素质的综合全面发展。许多大学生会对自我进行反思，对今后的前进道路有所设定，遭遇失败时会从自身开始寻找问题，并通过他人来获得更深层次的自我认识。这些都表明大学生拥有较强的自我认识主动性，除了将自我与他人进行对比之外，他们也会以社会背景作为基础来对自我进行全面认知。

（二）大学生自我评价不断完善

时代在不断发展和进步，社会的进步更是走上了高速公路，当今世界的人才正在以多元化趋势发展。大学生发展的空间广阔无比，其个性化和独立化意识也在日益增强，他们希望可以以自身特色来崭露头角。当代的大学生对自身有着较高的要求和评价，且个中标准仍在不断提高。他们拥有独立自我评价的能力，在自我评价的主动、客观、全面性上都能有所保障。大学生可以对自我进行综合性评定，如对心理状态、思想矛盾、兴趣偏好、性格以及意志力等都会有所评定，大学生较高的自我评价能力从中就可以看出。

（三）大学生自我接纳能力增强

在社会大环境的影响下，高校大学生普遍都拥有一定的自我接纳能力，在自主自强意识的约束下，大学生会认为自身同他人相比虽有不足，但也有独特的优势，并且可以理性看待自身存在的缺陷，从而能够扬长避短。这也就使大学生能够科学地看待、面对自己，接受自己的不足，而不是过分地严格要求自我。在这样良好的自我接纳能力下，大学生能够制定出适应自身特点的发展规划。

二、健康的自我意识的标志

具有健康的自我意识的人应该满足以下条件：

（1）能比较客观、正确地认识自己、评价自己。

（2）自我认知、自我体验和自我控制协调一致，能较好地进行自我整合。

（3）既能保持自身独立，又能很好地与外界协调。

（4）能认清现实自我与理想自我的差距，并积极寻求自我发展。

三、大学生自我意识的偏差

（一）自我评价偏高

有些大学生对自己有着不切合实际的高估，他们过于自我接受，总觉得自己无所不能，有着强烈的优越感和强烈的自尊心、好胜心，在行为上喜欢把自己的意志强加于人，习惯让别人服从自己、迁就自己，制定过高的行动目标等。

（二）自我评价偏低

有的大学生会因高考失利而懊悔，有的会因志愿没填好而痛苦，有的会因对专业不满意而消沉，有的会为将来的就业而担心……这些大学生明显地表现出失望与悲观的情绪，导致学习动机不强，学习盲目性大而积极性不高。也有少数大学生本身基础较差，认为自己没有能力学好，所以进入大学后便不再努力，做一天和尚撞一天钟。

大学生典型的自我评价偏低表现为自我拒绝、自我否定、对人际关系敏感、对奉承反应过度、逃避集体、过度防御、矫饰优越等。

（三）自我迷失

当今大学生拥有极其丰富的大学生活，然而部分大学生会迷失自我，对自己的未来很是迷茫，不清楚为什么要读大学，甚至不知道生活的意义是什么，他们满目皆是迷茫，不知道从哪里来，也不知道往哪里去。之所以会这样，是因为他们没有正确认识自己，且受到外界环境的影响，极容易盲目从众。

四、健康的自我意识的培养与完善

（一）正确认识自己

只有正确认识自己，才有可能拥有健康的自我意识。古诗"不识庐山真面目，只缘身在此山中"和俗语"当局者迷，旁观者清"都说明了同一个道理，即人们很难正确认识自己。大学生要想对自己有正确的认识，绝不能只以个人主观印象为凭证，而要积极参加丰富多彩的社会实践活动、团体活动，在与他人的相互关系中，逐渐对自己建立起一个客观正确的认识。

1.自我认识的内容

大学生要想对自己有正确的认识，除了要正确认识生理自我之外，也要对心理自我和社会自我有清晰、正确的认识。也就是说，要同时对自身的优劣势有所认识和了解。

2.自我认识的途径

（1）通过与他人的比较及他人的评价认识自己。"以铜为镜，可以正衣冠；以史为镜，可以知兴替；以人为镜，可以明得失。"人是通过认识他人的言行特征来评价他人的，同时在这一过程中也应学会通过与他人比较和倾听他人评价来认识自己。

他人是一面"镜子"，这个"镜子"是个体获得自我观念、了解自我评价的一个媒介。大学生要学会借鉴多面"镜子"，即学会观察和分析大多数人对自己的评价，尤其是父母、教师和同学的评价，来客观地认识自己、评价自己。需要注意的是，对他人评价要有一个正确的态度，既不能因过高的评价而骄傲自满，也不能因过低的评价而失去信心。

（2）通过内省认识自己。"吾日三省吾身。"他人对自己的评价并非都是符合实际的，因而要正确地认识自己，还需要经常地反省自己。大学生必须学会自省，学会与自我进行内心对话，对自己的内心世界加以分析，以便能够正确识别自己的心理活动，有的放矢地进行自我调节。

（3）通过活动成果认识自己。通过活动成果来评价自己的能力和品质往往是较为客观的。例如，大学生通过分析自己的学习成绩，可以了解自己的理解能力、记忆力、思维能力的强弱及主观努力的程度等；通过对比各门学科成绩，可以了解自己的兴趣、能力倾向等。因此，大学生要积极参与社会交往和社会实践活动，在活动中发现和展示自己的能力与才华，从不同领域、不同层次、不同角度寻找认识自己的机会，从而更为全面地评价自己。

（二）积极悦纳自己

所谓自我悦纳，就是肯定和认可真实的自己，这是自我意识得以健康发展的重要前提。只有愉悦地肯定和接受自我，才能去面对真实的自己，并做到自尊自爱，看重自我修养。大学生要想做到积极悦纳自己，具体可以从以下几个方法入手。

1.及时调整自己的期望值

所谓自我期望，就是个人在进行某项工作之前对自己所能达成成就的预估。通常情况下，自我期望值和实际成就之间会存在差距，而不同的差距会让人体验到"成功"和"失败"两种情绪。大学生不应该过分追求完美，因为这样会使得理想与现实相差甚远；同时也不应该把期望降得太低，否则理想会丧失激励作用。应该对自我期望值有所调整，建立合适的理想和长短期目标。要想通过自身努力达成目标来认可自己，就要使自我期待值符合现状和自身发展，将自我期待和自身实际情况综合考量。

2.理智、乐观地对待自己

理性沉着地面对自己，需要大学生用全面的、发展的眼光来审视自己，冷静而理性地看待自己的优缺点，辩证地看待人生的矛盾，冷静地处理自己的得失，不用虚幻的自我弥补自己内心深处的虚妄，也不用逃避的方式去面对现实，更不用无尽的怨恨、自责甚至憎恨来否定自己。

对自己要积极乐观，大学生要养成开朗的个性、乐观的人生态度，不会向困难低头，要对未来有一个美好的愿景，知道前方虽有弯路却充满希望和光明。比如，在被老师责备的时候，你要对自己说："老师的训责代表了他的关心，老师正是希望我可以成长才会如此做的。"

（三）有效控制自己

自我控制是个体主动定向改造自我的过程，也是个体对自己态度的具体化过程，同时还是个体健全自我意识和完善自我的根本途径。大学生要想有效控制自我，应做到以下几点。

1.培养良好的意志力

苏轼曾说："古之立大事者，不惟有超世之才，亦必有坚忍不拔之志。"如果一个人拥有良好的意志力，那么此人无论面对诱惑还是面对挫折，都能不忘自己的初心。相反，一个缺乏意志力的人，往往难以承受挫折或抑制诱惑。

2.培养坚定的自信心

自信是成功的第一秘诀。自信是自我意识的一个重要组成部分，属于自我意识的情感形式，是个体对自己认可、肯定、接受和支持的积极感受，是个体对自身力量有充分估计的一种自我体验。自信的人相信自己，相信自己的能力和价值，相信自己追求的目标是正确的，也相信自己有能力去实现目标，因此遇事会体现出十分主动的精神。

（四）不断完善自己

了解并接受自我，其目的都是不断对自我进行提高和完善。在完善自己的时候，大学生要做到这四个方面：

（1）"游刃有余的我"，不为自己设定太高的目标，与实际脱轨的目标毫无意义，应该为自己设定能够实现但一定需要努力才能实现的目标。

（2）"独一无二的我"，不随大流，也不盲目从众、模仿，而是在接受自己的过程中，发挥自己的优点和特点。

（3）"极具内涵的我"，就是根据现实情况，选择适合自己的正确人生之路，使自己的人生价值得到最大程度的实现。

（4）"社会欢迎的我"，即为人处世要有正确的价值观，才能获得社会认同。

大学生要把完善自己的自觉意识融入每个实际行动之中，从小处着手，从现在做起，将自己的理想与现实相结合，要始终意识到自己所承担的责任，发挥自我教育和创造的主动性，尽最大可能发挥自己的能力和品格，不断提升自信和自我控制能力，在克服困难、达成理想的过程中不断坚持完善和提升自我。

第二节　大学生人格问题

一、人格与健全人格

（一）人格

人格也称个性，源于希腊语 Persona，原来主要是指演员在舞台上戴的面具，类似于中国京剧中的脸谱（图 2-2-1），现在指个体特有的特质模式，也是性格、气质、能力等特征的总和，包括人的道德品质和人之所以能成为权利、义务的主体资格。人格是具有社会意义的各种特性的统一体，这些特性主要体现在体格、品德、心理性格方面，人格涵盖了人的一切内在品质，犹如人的灵魂。

图 2-2-1　京剧脸谱

（二）健全人格的标准

1.生理方面

生理机能是人格发展健全的基本条件，是人格健康的重要指标。如果没有生理机能的参与，人格发展就像没有根的植物，只是一种空泛的、抽象的精神存在。换而言之，一个完整的人格，就个体的遗传、体态、外貌和身体的健康而言，都要有生理意义上的完整。英国思想家洛克在 17 世纪曾说过："有健康的身体才有健全的精神。"[①] 完整的生理因素有助于个人健全人格的形成和完善，使人更具活力。

2.心理方面

心理健康是健全人格的一个重要组成部分，它是人性的一项基本规范，也是衡量一个人是否健全的一个标准。人类的知觉、记忆、思维、情感、动机、需要、性格等各方面都能体现心理健康，而人类和动物的不同之处就是人类心理上具有主观能动性，也就是说，人可以把所获取的信息抽象化，并完整地表达出来，这就意味着人具有不断自我反思的能力。所以只有满足心理意义上的完整，人格才有可能是健全的。不同个体具有不同的心理特征，这种差异性决定了我们所处社会是多姿多彩的，每个人都会受到基因、文化、自我认知等因素的影响，而产生一种相对稳定而动态变化的心理状态，也就是人格，这是个体人格向真实人格转变的重要方面。例如如果是一个拥有健全人格的大学生，那么他不仅在心理方面有着综合客观的自我认知能力，而且拥有协调心理和谐能力。具备综合客观的自我认知能力，可以帮助大学生正确认识自己的优缺点、喜好和厌恶，了解自己的长处和短处；而协调心理和谐的能力会帮助大学生统一认知、情感、意志和行为。随着全球经济一体化的不断发展，大学生在就业、生活等诸多方面都面临着各种各样的心理压力。因此，正确地分析和认识大学生的心理状态，使他们形成积极、健康的心理状态是关键所在。一个人的心理状态如果是良好的，那么他会很容易地适应社会的发展，他的思想也会与时俱进，内在和谐和言行统一可以轻易做到，并善于调整自己的行为，善于利用自己的长处，弥补自己的不足，做到自身与环境的和谐发展。

3.道德方面

道德是人格健全与否的评判标准之一，学界将其称为"道德人格"，它是一

---

① 约翰·洛克.教育漫话 [M].北京：商务印书馆，2018.

定社会历史时期，道德主体在现实生活中通过道德实践而习得的。有学者指出：
"道德人格作为人格的道德维度，是个体在社会化过程中形成的道德认知、道德
情感和道德行为的整体组织，是个体的内在品质与外在道德行为模式的统一。"①
由于个体间的差异，不同主体将同一社会准则、社会规范内化为个体特定的道德
认知、道德需要、道德情感、道德意志、道德信念、道德习惯，由此反映出一个
人道德境界的高低。现代社会，在市场经济的逐步发展带来经济利益和政治体制
革新的同时，也呈现出开放性、多元化的特征，选择什么、如何选择就成为新时
代大学生道德价值取向中时刻面临的问题。道德选择虽以意志自由为前提，但这
种自由是以个人自由和社会自由的统一为前提的，《新时代公民道德建设实施纲
要》指出："坚持马克思主义道德观、社会主义道德观，倡导共产主义道德，以为
人民服务为核心，以集体主义为原则，以爱祖国、爱人民、爱劳动、爱科学、爱
社会主义为基本要求，始终保持公民道德建设的社会主义方向。"② 因此，在大学
生健全人格培育过程中要对大学生道德状况进行考察，要以其是否以强烈的社会
责任感去维护道德原则为依据；以大学生在道德认知中是否坚持自我反省、在道
德情感中是否实现自我升华、在道德意志中是否做到自规自律、在道德实践中是
否坚持自我改造等为大学生健全人格在道德层面的评价标准。

4.社会适应能力方面

在人格的形成和发展的过程中，社会生活和社会交往是必要条件。马克思指
出："物质交往首先是人们在生产过程中的交往，乃是任何另一种交往的基础。"③
为了生存，人们需要进行物质生产，在这一过程中，人不仅与自然发生关系，人
与人之间也产生联系，即在物质生产过程中所产生的人与人之间的交往是其他社
会交往的基础，在此基础上，人们逐渐产生观念、意识、思想等人格内容。婴儿
不能进行社会交往，在经历模仿、无组织地玩耍和团体活动等阶段，婴儿逐渐产
生自我意识，成为社会团体的成员，成为一个真实的社会人。个体人格的形成和
发展，不仅会受到遗传因素的影响，还会受到社会环境的影响。社会发展中的政
治、经济、文化、科技以及社会形态等因素的影响通过社会、家庭、学校和大众
媒体等方式渗透到个体心理活动之中，久而久之，成为个体较为稳定的价值取向。
此外，个体人格的形成和发展受到个体"有意识"的社会交往的影响，个体"有

① 王云强，郭本禹.大学生道德人格特点的初步研究 [J].心理科学,2011,34（06）：1436-1440.
② 中共中央国务院印发新时代公民道德建设实施纲要 [N].中华人民共和国国务院公报,2019（31）：10-17.
③ 马克思恩格斯文集（第1卷）[M].北京：人民出版社,2009：808.

意识"的社会交往充分体现了个体的"主体意识",这种"主体意识"在一定程度上反映了个体的社会化程度,个体的社会化程度越高,则个体的自我认同和社会认同感越强。社会的发展要求每一个体能够根据社会环境的改变及时调整自己、采取积极正确的态度、选择恰当的生活方式以适应社会变化。随着国内国际形势的迅速变化,现代人普遍出现了很难适应社会的问题,大学生作为一个数量庞大的特殊群体,在关注大学生学业进步的同时,要更多地将大学生置身于社会中,培养其社会适应能力,并引导大学生根据社会发展的需要认识自身存在的不足,积极进取、迎接挑战,以形成良好的社会适应能力。基于以上论述,可以得出要将大学生的社会适应能力视为其健全人格的评价标准之一的结论。今天,健全人格已不仅仅是单个人的需要,而是时代发展的需要,社会成员尤其大学生要不断提高自己的综合能力,以适应科技进步、社会发展向人们提出的更高层次的素质要求。为此,在新时代大学生健全人格培育过程中要将大学生在生理、心理、道德、社会适应能力四方面的实际情况和表现作为健全人格评价的主要标准。

(三)健全人格对高校人才培养的重要意义

人格指的是个体气质、性格、能力的总和。学者黄希庭认为,健全人格是一个开放系统,个体按照设定的人生目标充实自己、发掘自己的潜能,并朝着目标不断进取[①]。在他所建构的健全人格学说中,健全人格是一个完美的、理想的人格,没有人是不可以拥有健全人格的。还有一些学者将健全人格视为相对的、发展性的、结构性的。健全人格并没有一个清晰明确的标准,但是可以在发展的进程中得到体现,它的结构既是相对稳定又处于动态变化的。在教育学者们的观点中,健全人格就是个性的全面发展。德、智、体、美、劳全面发展,适应未来社会需要的优秀人才就是拥有健全人格的人。大学生的健全人格是建立在马克思主义有关人的全面发展理论基础上的,理论的体内容是人要战胜发展中所有的片面性,才能真正地、全面地、自由地发展自己的人格。所以,要培育具有健全人格的新青年,也就是要把高素质的人培养成符合社会需要的、全面发展的人。

高校是培养学生人才的摇篮,培养学生的人格是培养人才的根本基础。《高校思想政治工作质量提升工程实施纲要》在 2017 年由教育部发布,明确提出了"心理育人"这一基本任务,加强师生心理健康素质和思想道德素质、科学文化素质协调发展,确定心理培育是高校思想政治工作的重要组成部分。培养具有健全人格的大学生,要坚持以"立德树人"为导向的高等教育,构建全员全过程全

---

① 黄希庭.人格研究中国化之我见 [J].心理科学,2017,40(06):1518-1523.

方位育人格局，培育德、智、体、美、劳全面发展的社会主义建设者和接班人，这对大学生的个人发展和社会稳定有着重大的影响^①。

二、大学生常见人格障碍类型及病因

（一）类型

1.偏执型人格

偏执型人格以猜疑和偏执为特点，多见于男性，主要表现为过分自信和固执，看待问题主观片面；敏感多疑，并因此过分警觉，经常有不安全感，心胸狭窄，容易发生病理性嫉妒；自我评价高，习惯把功劳归于自己而把失败归于他人，难以接受批评；易冲动和诡辩，甚至有冲动攻击行为。这类人经常处于戒备和紧张状态中，对他人中性或善意的动作歪曲认识而采取敌意和蔑视，对事情的前后关系缺乏正确评价，报复心强。

2.强迫型人格

强迫型人格的主要特征就是要求严格和追求完美，过分谨小慎微，内心缺乏安全感，具有强烈的自制心理和自控行为。这类人责任感极强，通常以高标准要求自己和别人，做事反复检查仍放心不下；由于谨小慎微，十分注意细节而忽视全局，常感紧张、苦恼和焦虑，常有不安全感，易发生强迫型神经症。

3.分裂型人格

分裂型人格主要表现为极端内向、性情孤僻、沉默寡言、过分胆小、言行怪异、情感冷漠、对外界事物缺乏热情、羞怯退缩、不爱交往、活动能力差、缺乏进取心、敏感、羞怯、喜欢想入非非、思维缺乏逻辑性、易沉溺于白日梦、不修边幅、言行怪异。分裂型人格的人很难适应人多的场合或需要频繁直接交往的工作，如宣传、公共关系等，但他们极少有攻击性行为，不会给人造成麻烦。然而由于他们很少顾及别人的需要，故难以完成合作性较强的工作。

4.爆发型人格

爆发性人格主要表现为控制能力差，往往因微小的精神刺激而突然爆发强烈的愤怒情绪和冲动行为，甚至出现攻击行为，但事后又懊悔不已。在间歇期可表

---

① 高校思想政治工作质量提升工程实施纲要[EB/OL].（2019-11-18）[2022-9-16].Attp://youth.sdut.edu.cn/.

现正常，但过段时间又重犯且自己不能控制。表面上看他们好像是发作性精神异常，但实质上意识清楚，发作往往与外界存在的刺激有关。

5.情感型人格

情绪波动大，兴奋时情绪高涨，热情善感，内心充满了希望和喜悦；抑郁时一言不发，悲观失望。

6.癔病型人格

表现为人格不成熟，尤其是情感过程的不成熟性。情绪不稳定，好表现，往往由细微刺激引发爆发性情绪，反应过强，表现具有戏剧性。喜欢引人注目，以自我为中心，总希望引起他人的注意。

7.依赖型人格

儿童最显著的个性特征就是具有依赖性，但大学生已是生理意义和法律意义上的成年人，如果仍如同儿童一般具有强烈的依赖性，就说明其心理不成熟。具有依赖型人格的大学生会怀疑自身，没有自主独立意识，丧失自信心，畏惧独处，对于他人存在过度依赖的心理，遇到事情总会向他人寻求帮助，没有主见，希望他人替自己做出所有决定。依赖型人格大学生会极其渴望亲近和归属，总是被动去服从他人，然而这种服从是盲目、非理性的，且这种畸形的渴望会让他们感到压抑。

8.反社会型和不合群型人格

反社会型和不合群型人格又称为悖德型人格，其特点是：情感不稳定、波动大，容易陷入冲动之中，且以自己为中心，对他人的疾苦、对社会的损害置若罔闻，容易犯有违法乱纪行为。

上述人格障碍的类型在男性和女性之间存在着些许不同，其中依赖型和癔病型在女性中更常见；偏执型、强迫型、悖德型在男性中更常见。

（二）人格障碍的病因

人们普遍认为，人格障碍是由生理、心理、社会、文化等多种因素综合影响而产生的。儿童早期成长的环境与家庭教育对人格发展起着举足轻重的作用。儿童的人格发展与家长的态度、教育方式密切相关，过分严格的家长会导致孩子的焦虑、胆怯；反之，则容易让孩子形成被动、依赖、易受伤害的性格。儿童成长过程中受到不合理的教育、恶劣的生存环境等因素的影响，会给孩子带来一定的心理创伤。

三、大学生健全人格培育的基本原则

（一）系统性原则

"所谓系统性原则，就是用系统论来考察心理现象，把人的心理作为一个整体的、动态的系统加以考察"[①]，该原则要求教育工作者在进行施教过程中，多角度、全方位地了解受教育者，并综合多种因素来培养受教育者的健全人格。德、智、体、美、劳全面发展是拥有健全人格的重要前提。人格是一种相对稳定的心理状态，主客观多种因素会对人格对形成和完善产生影响。步入高校生活的大学生已有属于自己的认知能力和判断能力，然而其知识水平和社会实践经验不多，受年龄限制也有较少的人生阅历，产生错误认知是再寻常不过的事情。大学生具有强烈的自尊心，要想培育大学生的健全人格，就要了解其当前和过去的情况，包括学习、生活经历以及成长环境，并预先考量学校环境、家庭环境、社会环境对大学生带来影响的可能性，并以此为基础，系统整体地把握大学生的心理状况和特征，综合分析各因素来"因材施教"，为不同的受教育者设计出不同的人格培育方案。要想在大学生健全人格培育的全过程中时刻体现系统性原则，就要做到以下几点：首先要顺应受教育者身心发展、变化的规律，重视培养健全人格的过程中教育者的教与受教者的习之间的关系，以及教育各个环节的逐步发展；其次要抓住主要矛盾，以发展的角度出发去对待学生，全面把握学生的健全人格状态，并针对造成学生人格缺陷的主要矛盾来采取相应的措施，通过心理治疗以促进其形成健全人格。系统性原则是培养大学生健全人格必须遵循的一项基本原则，坚持系统性原则的核心是指不能将问题拎出来孤立地看，也不能只浮于事情表面，而是要充分利用多种资源，把不同的心理现象联系在一起，综合发挥力量来使得大学生形成健全人格。

（二）咨询与教育相结合原则

咨询与教育相结合的原则是开展大学生健全人格培育需要遵循的另一重要原则，这一原则要求教育者在实施教育活动的过程中，不能一味地灌输理论知识，简单了解受教育者的健全人格状况问题，向受教育者发出指令，而要从定量与定性相结合的角度出发，对大学生出现人格问题的原因进行分析，并运用心理学中的治疗方法帮助大学生完善人格、形成健全人格。大学生健全人格培育的过程，

[①]　田宝，戴天刚，赵志航.教育心理学 [M].北京：首都师范大学出版社,2010：102.

在一定意义上是对大学生进行心理教育的过程，这一过程是教育者与受教育者心理沟通的过程，对于人格不健全、有心理问题的学生，教育者要帮助受教育者分析产生这一问题的原因及危害，向受教育者提供积极克服心理问题的建议和促进心理健康的具体方法，比如生物反馈法、行为疗法、催眠疗法等。

事实上，受教育者向教育者谈论自己的生活、学习中遇到的问题的过程本身就是"宣泄治疗"法的体现，通过吐露心中的不快、压抑，教育者对其实际状况有了整体的把握，从而在教育过程中有针对性地进行教育，帮助受教育者克服心理上的缺陷、发挥潜能、准确进行自我评价，促进人格的完善与健全。对于人格上有严重缺陷的学生，要及时进行咨询与教育，甚至送到专门机构进行教育与治疗。因此，新时代大学生健全人格培育工作的开展要在遵循咨询与教育相结合原则的基础上，针对不同的学生存在的不同问题有针对性地进行培育，以促进其人格的不断完善，人格不健全问题的出现并不是一朝一夕的，而是在长时间多重因素，包括社会环境、学校教育、成长经历、自身认知等的共同作用下产生的。因此，对大学生进行健全人格培育，要遵循咨询与教育相结合原则，探究导致大学生健全人格存在问题的根源，有针对性地实施教育。

（三）预防性原则

人格健全问题和生理健康问题一样，应从预防入手，即教育工作者要认识到受教育者健全人格的真实情况，并在施教过程中重点关注其心理、生理、道德、社会等综合素质的心理特征，对已经存在和有可能存在的问题进行早期的干预和引导，防止人格问题的进一步恶化或发展出其他的人格问题，对某些严重的人格问题，如自杀、伤人、危害社会等，要及时采取措施进行干预。培养大学生健全人格既是其自身发展的必然需求，也是时代发展的必然要求。健全人格培养是一项长期的系统工程，要从预防和纠正两方面入手，针对大学生自身存在的可能会造成人格不健全的因素进行及时干预，以阻止其滋生和扩散，而对大学生在实践中表现出的相对稳定的，与社会价值追求、行为规范和大学生健全人格标准相悖的行为，要进行教育、引导、纠正，帮助完善其人格。目前，我国大学生的人格情况普遍较好，但人格培育工作仍不能放松。随着时代的发展，社会对大学生的要求越来越高，大学生的心理压力也越来越大，一不小心就会导致其产生人格问题。所以，在培育大学生健全人格的过程中，要坚持以预防为主的基本方针，采取全方位的保护和干预措施，以消除大学生出现人格问题的隐患。

新时期大学生健全人格培养应遵循系统性原则、咨询与教育相结合原则、预防性原则等原则，这些都是从实践出发而超越实践的原则，是大学生健全人格培养工作经验的提炼，也是顺利开展新时代大学生健全人格培育工作的重要保障。

综上所述，对新时期大学生健全人格培养的价值期望、主要内容和基本原则进行明确界定，是大学生健康人格培养工作顺利进行的重要前提和保障。下文将以大学生健全人格培养为主线，详细论述了国家、社会、家庭、大学生在新时代对大学生健全人格的价值预期，并在此基础上结合大学生健全人格四个主要标准，提出大学生健全人格培养的主要内容，最后提出系统性原则、咨询与教育相结合原则和预防性原则这三个开展大学生健全人格培育工作的重要原则。

四、大学生健全人格教育发展现状

培养具有健全人格的大学生这一任务关乎当代大学生个人发展，亦关乎国家、社会的发展与进步。当代大学生接触到的事物日新月异，友善的社会环境、自由的学术氛围以及多元的校园活动，共同营造了大学生们可以自由发展的平台，尽管现阶段的大学生普遍自我意识高涨、独立意识增强，但也遇到了诸如"以我为主"的人际关系紧张、抗挫折能力较弱、功利心较强等问题，更有甚者会引发人格障碍，影响其正常的学习生活。基于此，正确分析高校大学生健全人格教育发展现状和存在的问题，可为后续优化教育对策提供支撑。

（一）受教育主体意识不足

随着社会经济的不断发展，大学生们的思维和行动方式由封闭向开放转变，表现出好奇心强、容易接受新鲜事物、乐于求知等特征，创新理念有了极大的飞跃，能以积极心态参与竞争。在学习和实践中勇于拼搏、积极进取，不断追求卓越、挑战自我，并取得良好成绩。但部分大学生也存在过分注重自我、淡化理想追求、人际关系紧张、抗挫折能力较差等缺点。譬如，当与同学发生矛盾、争执时，大学生们难以站在对方的角度考虑问题，认为对方有错、要求对方退让的情形较多，自己主动反思、争取解决问题的意识较弱。受此影响，大学生人格培养显现出了受教育主体意识不足，进而影响教育效果。此外，新时代媒体发展对大学生人格培养产生了影响。网络世界的内容以服务性的形式不断输出，满足大学生需求的同时，也存在着阻碍其人格发展的弊端。新媒体技术的工具性、虚拟性以及快捷性的特点，某种程度上造成大学生"依赖""虚拟""单面"人格异化，使得大学生们逐步丧失主动思考、主动改变、主动发展的能力。虚拟世界的相对封闭加速了大学生"唯我独尊"心态的发展以及独立思考能力和主观能动性的减弱，使得大学生们普遍更关心个人命运和前途，很少关注社会发展、国家命运。在高校大学生健全人格培养中，有部分学生受教育意识不足，缺乏主动学习动力，导致教育成效甚微。

（二）教育内容缺乏明确定位

大学生健全人格培育的定位并不清晰。首先，大学的健全人格教育是以课程为基础的。虽然人格培养是心理健康课程的重要内容，并且以固定学期和必修学分的方式进行，但是它与课程主体目标、框架鲜明的心理健康教育相结合，人格培育目标和内容很容易与心理健康教育目标和内容混淆，导致学生错误地认为两者观念相同。一般情况下，在心理健康教育中，人格培养章节所占的比重相对较低，容易引起教师和学生忽略。其次，虽然高校会利用每年的"5·25"心理健康月开展心理健康讲座、宿舍心理信息员培训、专题团体辅导等活动，以期在开展活动的过程中达到培养健全人格的目的。然而由于这些活动是分散的，且在不同的学习阶段，分属不同的部门，拥有不同的主题，很难形成一个完整的人格培养活动体系，在学生健全人格的培养上，效果并不理想。再有就是教师之间的合作较为困难。与专业课程明确的教育定位、专业结构清晰相比，当前的人格培养仍然存在着定位模糊、缺乏清晰的教育系统和统筹安排等问题。大部分高校将人格培养贯穿于整个教学过程，但这种教学方式必然会把"人格培养"分散到专业课程教学和思想政治教学中，而且各环节的教师都有自己的见解，很难形成合力共同推进人格培养发展。因此，在人格培养发展的过程中，学生的学习任务比较分散，目标不清晰，学习效果不能得到保障。

（三）师资队伍水平有待提高

高校大学生健全人格培养主要依托心理健康课程开展教育活动，目前存在如下问题。第一，师资队伍水平不高。高校开展大学生人格培养的师资主要来源于思政课教师、心理健康课教师以及辅导员教师群体，入职前的专业素养参差不齐。只在极少数教师群体拥有专业知识背景下开展人格教育，导致达不到人格培养效果。第二，课堂教学体验感不足。教师开展课堂教学是最为直观、便捷的知识传递途径，但受限于教学的具体内容，课堂教学方式多元化难以实现。特别是存在以教师单方面输出知识、学生体验感不强、课堂知识课后消化及应用较慢等问题，使得大学生人格培养效果不佳。第三，教育载体更新滞后。当前高校中常见的人格培养途径主要包括教师榜样引领、课堂教学及相关活动三种形式。但随着时代的日新月异，许多大学生所面临的问题形式更迭、内容变迁。然而部分教师群体人格、行为方式等已基本形成；课堂教学基本处在心理健康教育指定书目及课程大纲，内容较为固定；与人格培养的相关活动开展也存在参与者不足、活动流于形式等问题。

五、大学生人格教育完善路径

（一）在教育教学中完善大学生人格

1.完善课程教育模式

在日常教学中，高校教师要指导学生的行为思想，并对其进行心理情绪上的疏导，使自己成为一名真正的传道授业者。要想真正落实大学生心理教育，就需要构建一种新型的教育课程模式，这种教育模式要综合学科教育、人格教育、心理健康教育和实践教学。

要创造更多的社会实践活动，并鼓励学生参与其中，以帮助其开阔眼界、接触社会、了解国情，在实践操作中做到理论与实际相结合，提前感受社会的压力，了解自身与社会需要的差距和问题。在大学生进入社会之前开展实习活动，可以有效地缓解其进入社会后的心理压力，及早发现问题并改正，有利于今后工作和生活中的自信心培养和提升。因此，在大学时期，恰当正确的教育引导可以使大学生的人格完善，从而使他们在走上社会之后更好地面对工作、生活。

2.在校园活动中培养大学生人格健康成长

校园活动是高校独特的精神与文化环境，是一种潜移默化的教育手段，能够让大学生以自己喜爱的方式接受教育。优化校风、教风、学风，可以潜移默化地培育出优良品格；优化校园环境能通过教师的个人修养对学生的行为、品德产生一定的影响，而良好的德育氛围能有效地激发学生的学习热情，使其心理素质得到健全发展。

高校定期组织各种文艺和学术研讨，有利于学生形成积极、乐观、健康的人生态度，有利于大学生深入认识自己、发挥特长、增强适应性和应变能力，有助于培养大学生良好的人格素养。大学生活若是幸福快乐的，大学生的学习效率就会提高，知识积累程度也会有所增加，还有利于大学生的人格和心理健康发展，让他们成为一名具有良好素质和品格的适应型人才。

3.心理健康教育辅助完善大学生人格教育

为使学生适应当下的大学生活和未来面对的社会各方面压力，学校应组织专业的心理健康教育课程及活动。对刚步入校园的大学生进行心理健康调查，针对发现的问题展开辅导教育工作，可以从适应、稳定、提升、和谐这些方面因材施教，这样有针对性的辅导教育有助于大学生完善人格素养。培养大学生适应自我认知、适应环境变化、适应社会压力等各方面变化的情况，可以使其在变化的环境中活学活用，解决心理问题，疏导心理压力，保持积极乐观向上的健康心态，形成能把控自身情绪变化和抵抗较强外界压力的能力。稳定的情绪、坚强的意志、较强的人际交往能力是养成优秀人格的关键要素，所以心理健康教育对辅助完善人格教育起到了至关重要的作用，是完善人格教育不可或缺的一部分。

（二）充分发挥辅导员的作用

首先，要发挥辅导员在大学生人格培养网络中的基础作用。学校应积极构建以学校、学院、班级为网格的人格培养模式，在此基础上，辅导员要充分利用网格育人模式，落实教育承接工作。一是做好学校政策的"兵"。深入学习、理解人格培养的教育目标、教育内容、教学方式，配合学校机关部门、教学学院等开展相关工作，切实落实好学校的政策措施，扎实开展大学生人格培养教育。二是做好学院工作的"将"。在人格培养工作中坚决贯彻全员、全过程、全方位育人要求，落实学院关于学生人格培养的决策部署，结合学院特点、专业背景、师资力量等多方因素开展工作，联系学生人格发展实际，及时反馈意见。三是做好班级管理的"帅"，构建班级、宿舍二级学习网络，普及健全人格构建的基础知识，培养一批踏实、负责、积极性高的朋辈心理辅导员，主动深入学生群体，了解其真正的内在需求和实际困难，敏锐觉察学生关于人格发展的困惑迷思，针对性培育学生健全人格。

其次，要充分发挥辅导员在塑造大学生人格培养教育合力中的桥梁作用。辅导员位于学生工作的第一线，要掌握学生的需要，沟通各专业部门、学院的信息，为培养学生的健康个性创造有利的环境。一方面，在高校心理健康辅导中心的帮助下，充分发挥心理咨询自身的专业优势，开展与现实相适应的心理健康教育与咨询工作，普及健全人格的相关知识，有效地矫正和干预因人际关系紧张、自我认知不清楚而引起的心理问题，对大学生进行人格培养要有计划性、针对性、时效性。另一方面，人格培养要始终贯穿于专业课程之中，与专业教师的互动是不可或缺的。结合专业教师进行问卷调查，了解学生人格发展的现实状况和个人需要，从整体上解决一般需要，突出特殊需要，推动以培养健全人格为核心的思政课程覆盖全体学生。设计出一套专门的课程养人配套计划，并与专业老师的人格发展过程相结合，进行分阶段的检查和补充，从而建立起一套完善的教学反馈系统，提高学生人格培养质量。

最后要充分发挥好辅导员在家庭和学校之间的联系作用。在大学生人格培养的过程中，家人的支持是必不可少的。可以通过各种形式的宣传和普及教育，为大学生建立健全人格奠定良好的家庭合力基础。同时，要建立一种家庭与学校之间的良性双向交流机制，引导学生家长对学生的人格发展与培养问题进行积极的关注，打通交流通道，并对学生的表现进行及时反馈，鼓励正向行为，惩罚不良行为。

（三）激发学生求知欲望，提升教育品质

大学生人格培养不仅依赖于社会、学校、家庭教育，其效果如何也取决于学习者本身。大学生正处于发展阶段，自我意识高涨，但同时也存在着看待事物全面性不足、自我认知不够清楚、观点较为幼稚的问题。引导大学生群体正视自身，激发其改变、前进的学习欲望，进而树立符合中国特色社会主义发展的世界观、价值观、人生观，是培养健全人格应着力解决的问题。第一，辅导员要运用多样形式，激发大学生的求知欲望。通过组织开展周末集中教育、思想理论学习、主题演讲等活动，倡导大学生用先进思想武装头脑，提升思想水平；树立党员先锋、宣传优秀学生典型、邀请优秀校友座谈等方式，鼓励大学生对标看齐，主动追求进步；组建社会实践团队，深入乡村、城市，在实地考察中感受国家、社会的巨大变化，推动青年人的思想与实际接轨、理想落地生根。结合专业特色，多渠道构建人格培养方案，如传播专业学子可参加直播扶贫，在运用专业技术的同时了解国情民生，体验学有成就和奉献社会的情怀，打开大学生的眼界，拓展思维，不断创新。第二，重视新媒体在人格培养中的重要作用。积极运用新媒体技术，丰富学生视野、普及人格发展知识、引导大学生正确看待自己。同时，要厘清新媒体内容短、平、快的基本特点，引导学生沉下心来，明确自己"要成为什么样的人""怎么样才能成为那样的人"等核心问题，理清现阶段学习目的，主动丰富知识、独立思考，合理利用新媒体工具。第三，把握阶段性培养重点。辅导员立足学生人格发展的不同阶段，通过思想政治教育的多元途径，引导大学生们自教、自助，提升教育品质。低年级阶段教育重在理论学习，提升思想水平，转变"唯我独尊"的观念，树立正确的价值观，在此基础上，掌握"自助"方法，

提高人格学习能力。高年级阶段教育形式重在实践，注重"实践育人"教育形式，鼓励学生将知识转化为行动，走出校园、走入社会，利用专业优势投身实践实训，激发责任意识，承担社会责任，扎实提升教育实效。

高校要做好大学生健全人格培养工作，明确人格培养定位，形成以辅导员为主力的教育合力，不断优化个人业务能力，将人格培养与心理健康教育、思想政治教育充分融合，激发大学生主观能动性，发挥学习主体作用，形成全方位、多角度、多层次的育人氛围，培养具有健全人格的社会主义建设者和接班人。

第三节　大学生情绪问题

一、情绪的内涵

（一）情绪的概念

情绪的实质是对自我的追求、认识和喜好，是对自我的一种信念。我们可以从客观化的情绪中去对情绪有所认识。比如当缺乏安全感或想获得安全感时，当缺乏自信而渴望被认可的时候，都会有情绪出现。一切情绪都是以自我为中心的，它不是超越、控制人类的存在，而是用来帮助我们达成目标的一种思想。大学生因情绪失去控制而导致严重失误的现象时有发生，对其进行正确的调节，不仅有助于提高大学生整体素质和精神境界，而且对当代大学生的身心发展都是有益的，对社会的发展也是十分有益的。

（二）情绪的功能

一个人如果没有情绪，那么在远离忧愁的同时也在失去幸福，换作是你，是否会甘心？很明显，情绪失控并不是一个正常的现象。正确适宜的情绪不但可以让人生过得有滋有味，而且可以让人生变得更美好。

首先，情绪拥有极强的激励作用，能激发人们朝着目标前进。例如，足球场上球迷的热情呼喊，在某种程度上鼓舞了球员，让他们努力争取胜利；遭遇失败时，挫败感也能激发人们的斗志；获得成功的喜悦则让人们更加努力。

其次，情绪在社会生活中扮演着极其重要的角色，当看到一个人生气的时候，他们会想要往后退；当他们看到一个人微笑的时候，他们则会想要接近他。如果一个人不能理解别人的愤怒，或是不知道自己引起对方愤怒，他就丧失了社交能力。

二、大学生常见的不良情绪及其产生原因、应对策略

（一）大学生常见的不良情绪

大学生这一群体在校园学习和生活中都会遇到压力、冲突、失败、挫折、矛盾等负面事件。这些常见的负面事件会对个人的健康心理造成一定的压力，一旦压力超出了个人的承受能力，就会导致其健康的心态崩溃，从而导致不良情绪的产生。

1.嫉妒

嫉妒是一种极度自尊的异常体现，它在大学生中较为常见。这种不良情绪具体体现如下：当你看到别人的知识、能力、品行、荣誉，甚至是衣着比你更好的时候，会产生一种不公、痛苦、愤怒的情绪。长期处于不良的嫉妒心理状态，会导致抑郁、怀疑、痛苦、自卑等消极情绪，对身心健康造成很大的伤害；在很大程度上影响了学习效率和自我发展，也会使人际关系变得糟糕。

2.冷漠

所谓冷漠就是一个人对外界的刺激没有相应的情绪反应，对人生的喜怒哀乐都毫不在意，内心掀不起任何波澜。其具体表现为对任何事情都冷漠淡然，以及退让的负面情绪体验。而这种冰冷的情绪，往往是一种对自己内心情绪的消极躲避，他们都在压抑自己内心的情感。有冷漠不良情绪的人，虽然外表看似平静、冷漠，但其内心深处常忍受着巨大的痛苦，存在严重的孤独和压抑情绪。如果大学生长期处于这样的情感状态，被压抑在心底的庞大精神能量不能得到充分宣泄，一旦达到某一程度，便会爆发出来，从而扰乱人的心理平衡，破坏人的身心健康。

3.愤怒

愤怒是一种非常具有毁灭性的消极情感。伯科维茨等人将愤怒看作是一种特殊的感情、认知和身体反应的综合征，它会对特定的对象造成伤害。当一个人遭受挫折或打击时，往往会产生愤怒情绪，甚至会有攻击性的举动。在很多情况下，大学生的愤怒是一种应对挫折的手段，比如在学生干部工作、宿舍人际关系、评奖等方面，都会遭遇挫折，从而产生愤怒情绪。不同的愤怒程度往往会有不同的

效果和后果。一些愤怒仅仅是情绪上的起伏，或者在一定程度上影响了学业，但是超过一定程度的愤怒会导致"激情犯罪"等严重的结果。

4.焦虑

焦虑是一种混合情绪，包含了担忧、害怕、紧张等多种消极情绪体验。研究表明，大学生焦虑的心理状态主要有三方面的表现，一是认知方面，表现为对过去的后悔、对未来的担忧或想象的恐惧等非理性认知，比如担心考试不及格、怀疑身体患有严重疾病、怀疑有同学针对自己、想要重来一次人生等；二是生理方面，在认知作用下产生了一定的生理反应，如烦躁不安、浑身发抖、注意力不集中、心跳加快、血压增高、心因性疼痛等；三是行为方面，逃避感到紧张、担忧甚至恐惧的人、事、物等行为，如"拖延症"。除了以上三种焦虑的表现形式外，新时代大学生的信息焦虑也成为一种常见问题，微信成为人人必需的交流工具。大学生在日常学习工作生活中已经离不开网络，依靠网络查找资料、与他人沟通交流、购物、交通出行、挂号缴费等。每天的学习工作生活在微信、支付宝、抖音等APP中开启，也在"刷手机"中结束。离开网络和手机一定的时间后，大学生都会产生信息焦虑。

5.抑郁

抑郁症是以各种愤怒、悲伤、恐惧等消极情绪为表现的一种心理疾病。精神分析学派认为，无意识冲突和童年早期形成的愤怒情绪在抑郁的形成中起关键作用，如童年期或青少年时期和父母的关系问题、父母对其他兄弟姐妹的偏爱、有被欺负甚至被虐待或其他创伤经历等。在大学生群体中，更多的是一种长期弥漫、程度相对较轻的抑郁心境或抑郁情绪，表现为吃得太多或太少、睡得太多或太少、精力差、自尊低、注意力不集中、决定困难、绝望感强等。长期的抑郁情绪不仅影响大学生的学习生活，还会减少其有效社交，使其无法实现向人生下一个阶段的有益转变。

6.自卑

自卑是所有人共同的属性，每个人都有感到自卑的地方，只是程度不同而已。心理学家阿德勒认为，有身体缺陷或其他原因引起的自卑，如果应对得不好，则有可能使个体陷入消极的认知和生活状态，心理与生理变得脆弱，并走向自我摧毁；应对得好，则可以使人努力奋发，尽可能在缺陷以外的其他方面有较好的表现，以补偿自身的不足。大学生可能有身高、体型、外貌等生理因素上的自卑，也有对家庭收入、社会地位、成长背景、人际交往等的自卑。长时间陷入自卑情绪，不但造成郁郁寡欢、抗拒与人沟通交流等心理上的问题，也会在躯体上也表现为反应迟钝、头痛、浑身没劲、记忆力减退、免疫力下降等亚健康状态。

7.悲伤

悲伤是个体最早出现的情绪之一。一般认为，悲伤是由分离、丧失和失败引起的情绪反应。大学生悲伤的情绪可能来自于某个人、事件、物品，或是抽象的理想和道德价值，如亲人亡故、心中偶像形象崩塌、缅怀过去时光一去不返、学业失败等。较之愤怒、抑郁、焦虑等其他消极情绪，悲伤是非常容易在大学生的学习生活工作中感受到的，也容易与这些消极情绪交互作用。

（二）大学生消极情绪产生的原因

大学生的性格正处于逐步走向成熟、完善的过程中，这时心理平衡会受到多种因素的影响。诸如学习、工作、家庭关系、人际交流，乃至2020年的新冠肺炎疫情暴发，都有可能令人产生情绪问题，乃至引发某种程度的心理问题。通过对大学生消极情绪的问卷调查和访谈，我们发现了四种原因。

1.个体生物因素

生物因素包括性别、年龄、种族、基因、人口信息等，这些来自父母的遗传特征都是不可改变的，其中包括情绪控制和自我管理的能力。人类的大脑分为脑干、边缘系统和大脑皮层三个部分。脑干控制呼吸、消化、心率等；边缘系统由杏仁核组成，它控制着情绪；大脑皮质中存在着与记忆和情绪敏感相关的海马体。杏仁核是情绪的中枢，它负责情绪的生成和控制。与杏仁核相连的大脑认知区域，只需0.012秒就能制造出这些情绪。脑部神经元的突触能够捕获一种称为神经递质的化学讯息，使信息在神经元间传递。科学家们大约可以辨认出50种神经递质，比如多巴胺。研究表明，具有多巴胺D4受体基因的人，其体内的多巴胺活性低于常人，并且可能具有与冲动有关的人格特征。在大脑中，多巴胺这种化学物质与心情调节、愉悦体验、身体运动调节等方面都有联系，且可以调节情绪。这些生理上的因素使得调整情绪更加困难。很多大学生不但对情绪敏感程度高，而且反应大，其学习与情绪管理会受到影响，并且产生远强于常人的情感波动，难以有效地控制快感。所以，他们缺少处理情感的技巧，不懂得控制和管理自己的情绪，也不懂得怎样去做出相应的行动。

2.个体非生物因素

（1）个人情绪管理能力欠缺

情绪管理的主要问题是对情绪失控的管理。情绪失控是指我们尽了全力却还是无法改变和调节自己的情绪，结果是做出一些让自己后悔的行为。如果不及时管理情绪问题，那么大学生的身心健康会受到持久而严重的损害。大学生的情绪问题非常多，如适应问题、人际关系、考试焦虑以及情绪莫名其妙低落或抑郁等。适应问题是指大学生出现的焦虑、烦躁、抑郁、痛苦、悲观等情绪会持续好几个月，甚至还出现自杀想法。情绪困扰比较轻的大学生，与父母联系之后会有很大程度好转，或者在老师和同事的开导下，慢慢缓解情绪；而另外一些情绪困扰比较严重的大学生则出现无法正常睡觉、食欲降低、不想去上课甚至想退学、想自杀等症状，其痛苦症状与学习事宜不成比例，有明显的焦虑和抑郁心境。针对后面这类大学生，我们要引起重视，求助于精神科医生给出正确的诊断，并给予药物和心理咨询相结合的治疗方法。人际关系问题带来的情绪困扰在大学生中也是很普遍的现象。高校新生进入一个新环境，有害怕情绪是正常的，但是一般会在较短的时间内就得到缓解，但也有的学生会持续比较长的时间。比如宿舍生活不愉快，互相不能体谅。人际关系问题在非新生中也是很重要的，直接影响着学生的生活质量，如恋爱关系对学生的影响就很大。另外，考试焦虑也是大学生情绪管理中的一个很重要的问题，有的学生因为把学习成绩看得过度重要而出现情绪问题，其严重的后果是导致无法参加考试。还有一类学生，总是感到无聊，导致在学校里不能正常学习和生活，严重者出现自杀行为。这些情绪问题不正确处理，可能会造成大学生无法正常学习，学习效率低，甚至导致退学，生活一团糟等。因此，大学生学会管理自己的情绪是很重要的。

（2）压力过大

大学生是社会中的一员，在面对各种挑战时，必须要承受包括学习、人际交往、社会关系变化、突发事件等因素在内的各种压力才可以使自我价值得以实现。大学生的压力来源主要有生物性压力源，如疾病、睡眠缺失；还有精神性压力源，如不合理的认知、人格缺陷；以及社会性压力源，如社会变革、就业、父母离异、家庭矛盾等。在压力强度超出大学生个人应付能力时，会产生一系列生理、行为、情绪和认知的一系列反应。如失眠、全身乏力、口腔溃疡、头痛、胃痛等这些生理上的反应很可能本质上并不是生理性的病变，而是心因性的。那些遭受过度压力的人，其行为也会有改变，比如抑郁、充满敌意、嘲讽行为、缺乏乐观、对外界不友好，或者对外界无动于衷。因而在压力作用下，人的不合理认知会将会爆发，产生消极的认识，如委屈、自我无能感，愤怒、冲动、悲伤、压抑等负面情感。

（3）缺乏独立生活能力

大学生的独立生活能力对其情绪有一定的影响。一些大学生在离开父母、朋友以及熟悉的环境后，由于不能适应新的学习方式和环境，会出现情绪低落、逃避现实、脾气暴躁、人际关系紧张等心理行为问题，进而出现焦虑、抑郁等负面消极情绪。其实大部分的学生在进入大学之初都会有一定程度的不适应和负面情绪，关键在于他们要怎么对这些不良情绪进行处理。仍是有部分大学生具有较为强大的独立生活能力，他们的心理、行为都比较成熟，能够迅速适应新环境、新事物，并能够很好地处理工作、学习、生活中的各种困难。

（4）存在非理性认知

大学生面临着各种决策情景，无论是学习中的、生活中的、情感中的还是个人成长中的决策，都需要做出理性和合理的认知。实际上情绪管理的过程就是对非理性认知的管理过程，认知偏差会导致同一信息在不同表达下产生不同情绪。多数大学生并不能正确认识到情绪是伴随思维产生的，情绪上的困扰是非理性思维造成的这一事实。按照理性思维认知和行动时，情绪是愉快和有效的，相反则会导致一定程度的焦虑和愤怒。正如心理学家阿尔伯特·艾利斯认为，人们并非被不利的事情搞得心烦意乱，而是被他们对这些事情的看法和观念搞得心烦意乱[①]。

（5）人际沟通不顺畅

人际关系是大学生必须面对的重要问题，是影响大学生保持情绪稳定、心态良好的关键因素之一。在同学之间、师生之间、亲友之间的沟通过程中，存在着知识经验、生活习惯、性格特点、文化沉淀、社会认同等各个方面都存在差异。这种差异必然导致在人间关系的沟通和交流中，对同一个人、同一件事、同一个话题有不同的理解和结论。大学生最容易陷入心理问题的常见人际关系是宿舍关系、家庭关系和恋爱关系，因成绩、评奖评优、助学金等竞争会造成沟通隔阂，因生活习惯、饮食习惯等的不一致也会导致沟通不顺畅。一旦出现此类心理行为问题，个体就会表现出情绪低落、睡眠不好、学习成绩下降、易暴易怒及报复等行为现象。

3.社会环境因素

环境因素是指个人的外部因素，其中包含了负面的人生事件和是否能够获取外界的资源。除了基因、大脑、人格等方面的因素，不良的人生经历也会对他们的情绪产生一定的影响。特别是那些生理上情绪激惹上的人，他们对冷淡、批评、惩罚特别敏感，即使是对于大多数孩子都能接受的细小批评和惩罚，他们都会产生强烈的不适感。这些批评和惩罚经常会在孩童不听管教的情况下发生，并且会导致家庭关系的紧张。当有这些经历的小孩长大后，这些记忆可能会变成一种虐待。童年期心理创伤事件、家长对情绪的漠视或溺爱都是儿童心理健康问题的主要原因。在童年期受到虐待、被忽视以及在成长阶段缺乏适当的情感体验是导致情绪失控的重要因素。在成长的过程中，许多孩子因为家长的疏忽或宠溺，他们没有意识到其实自己可以学会情绪控制和管理的技巧，仅仅采取打架、自虐等方式来满足自我需要，或是引起家庭成员或重要他人的注意和关注。当你在愤怒的时候，如果你的家人和重要他人都没有任何异议和反应，那么你就很难学会如何控制自己的情绪，甚至会让你的愤怒更加强烈。当情绪超负荷时，就会很难管理情绪，理性和智慧无法发挥他们的作用，进而产生破坏性行为。另外，学校心理健康教育的缺失也是影响其情绪控制能力的环境因素。学校提倡的是应试教育，注重培养大学生的学习能力，而忽视了情感和心理方面的问题。另外，多元的社会文化也在一定程度上影响了大学生的心理状态，使他们的心理状态变得不稳定和浮躁。这种浮躁对当代大学生产生了深刻的影响，在多元化的文化环境下，奢侈品消费、享乐主义、攀比等现象对大学生的心理产生了深刻的影响，这也极大地影响了大学生的心态。

（三）大学生常见消极情绪的调适

1.正确认知情绪

情绪上的困扰很多是没有正确认识情绪造成的。在学生的学习生活中，总会经历一些挫折和困难，或是偶然的重大负性事件，也会因为这些事情带来不同程度的消极情绪。当出现愤怒、抑郁等消极情绪时，首先要正确认知情绪，比如认识到抑郁其实就像感冒一样普通，只是心理上的"生病"。其次，可以通过自身努力改变非理性认知、固有情感和行为习惯模式。如开展有规律的体育运动；养成良好的生活习惯，保证睡眠充足；对自己充分肯定、相信和认同；确定目标，并采取行动达成目标；改变习惯性思维和非理性思维等。

2.理性管理情绪

人们要理性管理情绪，并不意味压抑或消除情绪，只是情绪需要一个"出口"来合理宣泄，这就需要把握好消极情绪的"度"。比如向他人倾诉、在合适的场合哭泣、体育运动、放声歌唱、写日记等都是情绪由内到外"走出去"的方法。如果情绪管理恰当，那么适当的情绪表达反而有利于事情顺利解决或情绪抒发。理性管理情绪要给予情绪短暂的"冷静期"。在遇到情绪波动大的事件时，要给自己几秒钟甚至更长的时间作为"冷静期"，让理性认知的产生先于消极情绪出现。在"冷静期"过后，可能会产生三种结果：一是离开消极情绪；二是引导消极情绪产生创造性意见；三是破坏性爆发。研究表明，更多人在短暂情绪缓冲和冷静之后会放弃第三种结果。

3.培养积极情绪

如希望，渴望，快乐，快乐，爱好，自豪，满足等等，这些都是芭芭拉·弗雷德里克森用来描述积极情绪的美好词语①。积极心理学的研究显示，积极情绪不仅可以提升人们的认识水平和问题解决能力，同时也可以促进人们的协商、合作与交流。它和负面的情感交替而出，此消彼长，能对消极情绪发挥抑制的作用。积极情绪是可以培养的，例如：树立开放思维、接受错误、接受帮助、接受新的观点和思想；营造一个积极、愉快的环境氛围，使精神放松，并去体会积极情绪；尝试新事物，从好的事物中寻找好的一面，把正面的东西变得更积极；与亲人、朋友、爱人分享欢乐与喜讯，并与他们一同庆祝；以真诚的态度面对人生，满怀对美好未来的憧憬。通过上述方法养成积极的行为和思考模式，可以使大学生在生活中获得更多。

4.做好时间管理

强化时间管理，必须从消除"拖延症"开始。"拖延症"源自于焦虑，它是人类的一种心理问题，所以拖沓不能简单地与懒惰相提并论，更不能将其与没有计划、责任心、执行能力差等现象相对应。对有拖沓行为的人，首先应从其焦虑的来源和认识角度出发进行分析。其次是要尽量将"最后期限"变成"最早期限"，让自己尽可能早地完成，不要等到最后期限再完成任务。再就是将工作目标细化到具体步骤。在完成任务的过程中，可以参照彼得·德鲁克的"SMART"目标管理原则，也就是要建立明确、量化、可测量、可实现、与工作和生活息息相关、

①　芭芭拉·弗雷德里克森.积极情绪的力量10周年纪念版[M].北京：中国纺织出版社，2021.

有时限的任务目标①。这个看起来很简单，但实际上却不是每个人都能在实践中做到的。在做好合理安排之后，可以自行制作个人时间分配方案来执行。

5.明确生命意义

当今时代，生活中更多的是忙碌和抱怨，感受消极似乎比发现积极更容易，迷失自己似乎比找寻生命的意义也更容易。弗兰克尔认为："要使不同的、有存在空虚的病人重获人生的意义，关键是帮助他们重新建立对生命的责任感。"②作为新时代大学生，认真学习、健康成长、努力生活、珍爱生命是责任，为实现中华民族伟大复兴的"中国梦"更是每个人的责任。正如习近平总书记在清华大学考察时寄语广大青年，要肩负历史使命，坚定前进信心，立大志、明大德、成大才、担大任，努力成为堪当民族复兴重任的时代新人，让青春在为祖国、为民族、为人民、为人类的不懈奋斗中绽放绚丽之花。

总之，情绪管理不是要让大学生变得没有消极情绪，也不是简单地压抑情绪，而是要在正确认识情绪、理解接纳情绪的基础上，科学调节不良情绪，让大学生在学习生活工作中与不同类型的情绪相处，认识到每一种情绪的出现都是正常的，但不要让消极情绪对自己的生活和学习产生太大的影响，更不要产生极端消极的后果。作为新时代大学生，面对复杂多变的社会环境，要正确认识情绪、接纳情绪、精准管理情绪，选择适应性的行为，真正发挥情绪调节的作用，养成良好学习生活习惯，实现自我的超越，让大学学习生活和年轻的生命变得理性和更有意义。

三、高校对大学生情绪管理教育的意义、困境及主要对策

（一）培养大学生情绪自我管理的意义

美国心理学家亚伯拉罕·马斯洛从人类动机的角度提出需求层次理论，该理论强调人的动机是由人的需求决定的③。需求层次分为五个层级，分别是生理的需要、安全的需要、归属与爱的需要、尊重的需要和自我实现的需要。大多数大学生前两个需求的层次都能得到满足，大学生的需求主要在归属与爱的需要、尊重的需要和自我实现的需要上，培养大学生的情绪自我管理能力有助于大学生获得这三个层次的需要。

---

① 彼得·德鲁克.管理的实践 [M].北京：机械工业出版社，2020.
② 维克多·弗兰克尔.活出生命的意义 [M].北京：华夏出版社，2017.
③ 亚伯拉罕·马斯洛.动机与人格 [M].南京：江苏人民出版社，2021.

1.有助于大学生良好的身心健康发展

大学生的情绪管理和身心健康有着密切关系，积极健康的情绪对大学生身心健康有益，而消极情绪会对大学生的身心健康产生负面影响。当出现情绪问题时，大学生应该学会面对自己的情绪，调节情绪，学会反思自己，找到问题产生的原因，勇敢面对真实的自己。在对自己情绪问题反思之后，调整好心态，找到幸福，有益于大学生的身心健康发展。

2.有助于大学生应对社会能力的提高

掌握情绪管理技能，有助于提高大学生的社交能力，增强情感智能。一个拥有健全人格的大学生，在遇到挫折时能够进行正确的分析，发现问题的根源，调节自己的负面情绪，保持乐观的心态，从而综合提高自己的整体素质。当大学生进入社会后，其面临的问题会更加多种多样。因此，在大学阶段中学会如何利用自己的思想政治教育方法来调整自己的情绪至关重要，这样可以让自己冷静地看待问题、分析问题，并最终找到解决办法。通过这种动态的过程，可以培养学生的情感处理技能，并积累丰富的社会应对经验。

3.有助于大学生获得归属与爱的需要

大学生在家中获得归属感与爱的需要主要表现在对家庭的归属感上。然而部分大学生在听到家长的劝告的时候，往往会有烦躁、不耐烦的心态产生，甚至左耳朵进右耳朵出，回避与家长的交流。大学生若能调节好自己的情绪，与家长保持平和沟通，则有利于建立彼此了解的亲子关系，营造良好的家庭气氛。大学生在学校获得归属与爱的需要体现在集体归属上，如果因各种情况而没有获得集体归属感，严重时会出现厌学现象，而良好的情绪自我调节能力可以帮助他们在班级里建立起良好的人际关系，从而更好地融入集体当中。

4.有助于大学生获得尊重和自我实现的需要

随着社会的飞速发展，企业对人才的要求也越来越高，就业竞争激烈，大学生想要脱颖而出，实现自我价值，赢得他人的尊重和认可，不但要有过硬的专业知识，还要有良好的心理素质，不畏不怯，不骄不躁，落落大方，谈吐自然。适当紧张、兴奋的情绪有助于大学生在求职过程中更好地发挥，但过犹不及，此时良好的情绪自我管理能力就尤为重要。

总之，情绪影响着人们生活的方方面面，适当的情绪可以促进大学生向重要的目标前进，推动大学生在学习、课外实践和兼职或实习中做得更好；反之，过度或极端的情绪会给大学生的生活带来各种各样的负面影响。

（二）大学生情绪调节教育的困境

1.大学生对情绪管理的认知不足

人人都会有负面情绪，但过强、过度、时间过长的负面情绪就会干扰人的正常生活。现在家长过多地关注孩子的成绩，忽视了孩子的情绪和心理变化，没能做到及时疏导与释放孩子的负面情绪，最终造成恶性循环。此外，学校开设的与情绪调节相关的课程较少，思政教科书中关于情绪调节的篇幅也较少，学生缺乏学习情绪调节的途径。部分高校教师对于学生情绪调节的重要性的认知不足，一味地严格要求学生，却没能起到很好的言传身教作用。因此，应将情绪调节融入思想政治教育体系，丰富大学生的学习视野，促进家长、教师对情绪调节重要作用的认知。

2.大学生情绪调节实践意识淡薄

中华民族优秀的文化传统对学生的思想、心态有着深刻的影响，也是对学生日常行为的良好规范。现实中，大学生考试作弊、论文剽窃、学历造假等违背传统美德甚至违法乱纪的行为，大多是情绪调节失败所致。因此，在加强思想教育的同时，在实践中疏导大学生的情绪尤为重要。教师要细心观察，帮助大学生在负面情绪的边缘悬崖勒马，避免他们误入歧途，越陷越深。

3.大学生情绪不稳、易冲动

绝大多数的大学生年龄在18到20岁之间，正是形成世界观、人生观、价值观的关键阶段。大学生的思想比较活跃，拥有极强的好奇心，接受能力也强。但大学生同时还有情绪变化较大的特点，他们容易激动。在世界局势持续发生改变且国际文化交流日益加深的今天，大学生在接受先进文化的同时，也容易被西方的腐朽文化所腐蚀，一些意志薄弱的人，会对落后的文化产生浓厚的兴趣，从而致使信仰缺失、爱国主义意识淡薄、拜金主义等不良思想在心中滋生。大学生受到这些不良思想的影响，更容易在受到刺激时表现冲动，如果控制不好，就会做出一些极端的过激行为。

4.大学生竞争发展的压力大，人际关系复杂

大学生们有着远大的理想和满腔热情，他们渴望获得更多的锻炼机会来追求自身的人生价值。在学习成绩、工作效率、老师和同学的认可度上，学生之间的

竞争是非常激烈的。正面积极的竞争可以推动学生的进步与发展，而负面消极的竞争却会使他们变得狭隘、嫉妒，甚至中伤他人，使人丧失理性。在与老师、同学及其他人交往时，大学生们不可避免地会产生冲突和矛盾，甚至产生消极情绪。一些大学生并不具备辨别的意识和能力，不能正确地了解别人的意图和情绪，从而造成人际关系的紧张，并对团队凝聚力产生不利影响。

（三）高校培养大学生情绪管理的主要对策

1.营造良好的家庭情绪管理氛围

良好的家庭氛围对培养大学生优良的性格、提升学生的情绪智力水平有明显的作用。营造思想政治教育家庭环境的情绪管理氛围可以从以下几个方面进行。

（1）家庭成员的和谐关系

在良好的家庭氛围里，大家的关系十分和谐，做事都是和和气气的，能够愉快地沟通交流，有利于身心健康。处于这样的家庭环境下，学生的情绪管控能力会在无形之中会得到提升。

（2）家长对学生情绪问题的关注

家庭成员在交流的过程中可以多多关注思想政治教育，闲聊也会影响大学生的情绪管理，使其在遇到问题时学会调整自己的心理状态，保持积极乐观的心理。在和谐的家庭环境中长大的孩子，从小耳濡目染，对待事情的态度总体来讲比较乐观，面对问题不退缩，勇于发现自己的问题，并积极面对，使问题得到解决。因此，家长要随时关注孩子的情绪变化，积极解决问题，并找到原因，为孩子提供帮助。

（3）家长学会管理情绪

家长对自身情绪的管理对学生的影响也是非常大的。作为孩子的榜样，家长要教会孩子调适消极情绪，遇事往积极的方面想，多角度考虑问题，从而提升其情绪管理能力。

2.将思政教育融入大学生情绪管理教育

在实践教学中，思想政治教育工作者要思想政治教育的方法加以具体应用，以达到提高教学质量的目的。教师要积极地注意学生的情绪状况和变化，及时察觉学生有无遭遇问题而产生不良情绪，一旦发现，就要立即对其进行心理疏导。教师要善于化解学生的思想矛盾，并给予其正确的引导；要培养学生们的热情，使他们拥有良好的情绪状态。

（1）鼓励学生参加实践

鼓励大学生积极参加更多的社会实践活动，以磨炼意志和开阔视野，鞭策他们放开格局，对自己的未来有所规划并做好准备。通过参与社会实践，大学生应学习如何发掘自身的优势，并在该过程中去欣赏别人，发挥自己的优势，弥补自己的缺陷。学校要不定期地举办各种社会实践活动，老师们可以通过各种方式来激励学生积极参与，提高他们的综合素质，让他们在活动中也能学到他人的优点，从而达到更好调节自己情绪的目的。

（2）开展情绪体验课程

在开展情绪体验课程时，要鼓励学生积极参加，亲身体验真实的情景，使他们能够真正地体会到情绪管理的内容。此外，学校还可以通过开设情绪体验、情绪自我管理等课程，将情绪管理的相关知识融入课堂教学中，使学生能够在真实的情绪体验中学会如何进行情绪管理，从而使他们在面对负面情绪时能够更好地调节自己的情绪。高校思想政治工作人员在施教过程中也可以选择情绪教育的相关内容，将情绪教育融入思想政治教育中。此外，选择合适的教育时机也是非常关键的。在大学生情绪状况良好的情况下进行情绪管理和教育，可以让教育内容更好地被接受。

3.大学生要掌握情绪管理的方法

（1）学会合理的自我认知

大学生的情绪变化会受到各方面的影响，要学会找到变化的原因并根据变化做出调节。首先学生需要了解自身情绪产生的变化，再及时调整自己的情绪状态。在分析原因时，要学会使用合适的思维方式，认真分析情绪变化的原因。当我们发现有情绪问题产生时，首先需要找到自身原因，再考虑致使情绪变化产生的其他因素，通过一系列方法分析找到真正的原因，采取合适的方法调节情绪。

学生个体对客观事物是否满足自身需要、是否超出其预期的认知评价是决定情绪的关键因素。对客观事物的不同认知和评价会产生不同情绪。教师要培养学生的共情能力，引导学生透过现象看本质，将自己置于他人立场分析问题，从旁观者的角度出发检验自己的决定正确与否，避免以自我为中心，多体会别人的感受，建立与他人沟通的桥梁，而不是自怨自艾。学生要注重掌握具体的情绪管理策略，如调整作息时间，适时进行体育锻炼，促进良好情绪的形成；通过对他人无害的方式，如欣赏音乐、找人倾诉、咨询心理辅导等，定期宣泄消极情绪；学会微笑，学会倾听，学会与他人沟通交流，对他人敞开心扉，尽自己最大的努力了解和理解新事物；将注意力转移到健康有益的事情上，避免重复性的自我困扰；强化积极情绪，自我调整，自我鼓励，迎接每一次挑战。

（2）掌握情绪管理的方法

为了以良好的情绪状态来学习，大学生可以通过各种方式调整消极情绪，来保持积极的情绪。相对来说，保持自身积极情绪是比较容易的，而控制消极情绪则要复杂得多。对消极情绪的调控可以分为情绪转换和情绪体验两种。情感转化法是指保持一种积极的心态，从另一种视角去看待事物，学习从消极情绪中找出正面因素。而情感体验法可以让每个人都不畏惧消极情绪，鼓励人们积极地去经历，从自己的内心深处去寻找真正的答案。人们看待问题时永远都不能只看一面，不能只关注积极的一面，更不能只关注消极的一面，而是要从正面和负面两个角度来看问题。首先要对不合理认知进行调节，寻找真实的自我和正确的认识，进行有效的情绪管理，提高自己的情绪管理水平。通过运动、哭泣、倾诉、音乐等方法来调节情绪问题。大学生多锻炼可以促进自身的心理和生理恢复。在体育活动中，尽量挑选自己感兴趣的运动项目，在运动中发泄自己的消极情绪。哭也可以减轻压力，释放情绪。哭能使消极情绪得到很好的宣泄，流出的泪水可以将消极情绪所生成的物质排出体外，对身体的调节也是有益的。学会向家人、朋友、老师倾吐自己的消极情感，可以让自己感到轻松，同时也可以获得一些帮助和意见，从而调整消极情绪。音乐法是当代大学生普遍采用的一种方法，它能起到调节情绪、舒缓情绪、提高精神状态、减轻压力的作用。

4.构建大学生情绪管理能力的培养机制

情绪管理是复杂的动态过程，情绪管理能力则是一个静态过程。大学生出现的很多思想问题，很大一部分是由于情绪波动引起的。一个人情绪的变化是自己内心的感受，教师如果不针对性地关注学生，很难注意到这一步。因此，需要建立大学生情绪管理能力相对应的思想政治教育培养机制，对人们在情绪管理中出现的问题针对性地开展思想政治教育，争取将矛盾化解在原始状态。教育工作人员要学会及时倾听学生的心声，了解其心理状态。将大学生情绪管理中的重点问题，作为思想政治教育课程的重点，帮助学生调节情绪，做好其思想工作，有针对性地进行预防与教育。

5.优化教师与学生的关系，注重情感培养

思政教育工作中亲和力与渗透力的融合影响着情绪管理教育的活力和成败，而注重人文关怀已成为改善高校当前思政工作疲软状态的关键，这是一种不同于传统思政工作的方法。教育过程实际上是师生感情相互影响、相互交流的过程，良好的师生感情在学生学习和生活中起到重要的推动作用。辅导员在大学生思政教育和日常管理工作中占据举足轻重的地位，其要注重学生客观存在的个体差异性，尊重学生主体价值；注重通过校园活动的多样性和多元化吸引和感染学生，使学生成为校园活动的积极参与者；学生在日常生活中会产生各种摩擦而导致心情郁闷，这时就需要辅导员从中调和，用心理学知识帮助学生发泄消极情绪，选择合适的词语和语气与其沟通，引导学生改变对事物的思考和理解方式。思政工作者特别是辅导员应动态把握大学生心理健康状况，从思政角度引导大学生完善自我意识、消除心理障碍、建立良好的人际关系、培养自我控制能力和乐观的社会心态，显著提高学生心理健康水平，确立健康文明的生活方式。只有这样，才能从根本上解决学生同思政教育工作心理不相容的问题，实现感情上的交流和共鸣，以保证思政教育工作对情绪管理教育的积极影响。

6.重视高校校园文化建设

充分发挥高校隐性和潜在的德育资源，是改善和提升大学生思想政治教育的重要手段。高校校园文化作为一种主流学校文化，它是一种文化氛围、价值取向和生活方式，具有陶冶情操和磨炼意志的作用。高校在外观上美化校园的同时，也要营造符合大学生合理需要的全新校园文化。通过举办大学生寝室文化节、双歌赛、形象展示比赛、爱国主义演讲比赛等形式各异的活动，丰富学生的课外生活。在与思想政治教育相结合的过程中，坚持先进文化的发展趋势，把握时代开放性的特点，正向引领学生，使其保持积极的人生状态。

7.教师加强对学生的心理辅导

大学阶段的学生的三观正处在形成、发展和完善的过程中，部分刚从家长保护中走出来的学生，一旦遭遇挫折，往往难以应对。为此，教师要对学生进行恰当的心理咨询和针对性的个性化指导。组织党课、团课、社团活动等多形式的学习活动，并鼓励学生积极参与，开展集体心理辅导，可以有效地缓解大学生的紧张情绪，帮助其调整自身情绪。高校应努力营造团结、积极向上、互助友爱的集体氛围。教师要注意学生的日常生活，不要只注重成绩，更要注意他们的情绪，培养学生的集体归属感，这种归属感会让他们有一种来自集体的温馨感觉。学校、教师、班级干部要在最大程度上发挥组织领导作用，关注学习成绩不佳、有自卑感的同学，并通过集体活动使每个同学都能从团体中有温馨的感觉。

8.引导大学生读懂他人情绪

读懂他人情绪，是指能及时准确地认识他人的情绪波动，并作出适当反应。大学生在人际交往的过程中，要学会从对方的语调、表情、眼神和手势读出对方的内心感受，读懂对方的情绪变化，通过细节了解对方的情绪状态。这样既可以帮助对方疏导负面情绪，又可以巧妙地避开冲突，防止自己成为不良情绪的牺牲品。

9.指导大学生合理表达想法，适当释放情绪

大学生人际冲突事件大多是情绪失控引起的。如果过度地压制情绪，则到一定程度后，情绪会像决堤的洪水一样喷涌而出，引发冲突甚至产生过激行为。因此，当大学生产生负面情绪时，老师要充分了解学生的诉求，指导其合理表达想法，适当地释放压抑的情绪。可以让学生在电影、书籍中寻求慰藉，或是向亲朋好友、老师倾诉以释放情绪，这些都是释放情绪的良好方法。每一次的情绪释放都是一次内心的洗涤和心灵的升华。通过释放情绪，大学生会更加坚强，更好地成长与成功。

第四节 大学生人际交往问题

一、人际交往的内涵

（一）人际交往的概念

人际交往，也称人际沟通，是指个体通过一定的语言、文字或肢体动作、表情等表达手段将某种信息传递给其他个体的过程。人是社会的一分子，成长的过程离不开人际交往。刚刚走出青春叛逆期的大学生极度渴望从同龄人那里获取认同感，期盼和同龄人建立真挚的友谊，人际交往正是大学生形成自己的关系圈，进而健全个体人格的基本途径。当代大学生很多都是独生子女，从小受尽家人的宠爱，因此很容易形成自我为中心的性格。大学是沟通大学生与社会之间的桥梁，部分大学生在离开家人的庇佑进入大学后会产生不适应的现象，特别是在与他人交往的过程中，有时会为了过度维护自身的利益而产生不良的行为，这对大学生的未来发展将会产生不利影响。一个人如果想在社会中得到较快的成长，较强的

社会适应能力是必不可少的。人际交往能力作为社会适应能力的重要组成部分，对于大学生各项能力的发挥起着重要作用。人际交往能力是大学生综合适应能力的体现，但是当前大学生的人际交往能力尚有很多不足之处，如无法理解别人的痛苦、不敢明确地表达自己的想法、缺乏与他人协调合作的能力等，以致大学生在人际交往的过程中出现了各种各样的问题。任何人都无法脱离社会而单独存在，人的自我生存和自我发展需要与人进行沟通交流。帮助大学生提高人际交往能力，利于提高其解决问题的能力及发展当代大学生的社会适应能力。

（二）人际交往的重要性

许多社交网络构成了我们的生活。与家人之间的亲属关系是一个网，该网是从出生开始编织的，因此必须在家庭外部编织许多网。建立这个网络的不可或缺的能力是人际沟通技巧。我们生活的圈子与我们的家庭一样小。随着社会中每个人的成长，这是与他人沟通不可分割的关系，人际交往能力变得越来越重要，尤其是在成为一名大学生之后。作为大学生，我们摆脱了过去的年轻人，逐渐步入成年人的世界，但又并非完整意义上的成年人；在大学时代，我们必须从青少年成长为可以真正进入社会的成年人。实现这一点的第一步是提高自身的独立人际交往能力。宿舍、学生、教师和学生之间的交往都会对学生的日常生活产生影响，如果这些关系得到妥善处理，不仅生活和学习幸福，而且也会获得信心，这对于大学生来说非常重要。

（三）人际交往的原则

1.平等原则

平等待人是维持正常交往的前提。商品经济的首要原则就是平等交换、公平竞争。人际交往中要遵循的首要原则也是平等。对于平等，西方社会学家给了这样的解释：人们在交往过程中给予对方的和自身获得的回报之间价值是相等的，所付出的交往代价与得到的交往报酬是对等的。即使是在市场经济高度发展的今天，社会平等依然是交友的首要原则。平等是指交往的双方在人格上是平等的，彼此之间没有高低贵贱之分，双方之间的关系是朋友式的、同志式的。在人际关系中的具体表现为以和蔼可亲的态度对待对方，切忌命令式的态度，如果摆出一副高高在上的样子，觉得自己比对方优秀，常以教训的口吻来表达自身观点，就会引起别人的反感，双方之间也就不存在平等的友谊了。人际交往的过程中既要防止任何形式的优越感，也要防止低人一等的自卑感。在大学生的人际交往中，不平等现象时有发生，如学生干部对于一般同学就有着优越感，生活条件好的同学有时也会觉得自己比生活条件较差的同学更有优势，甚至有时来自大城市的同学会觉得来自农村的同学没有见过世面、小家子气，在交往中会不自主地流露出骄傲的情绪，所有这些不良情绪都会破坏交往中的和谐气氛。同学之间要做到平等相待并不是一件简单的事，它需要班级干部和辅导员的不懈努力，特别是班主任要一碗水端平，不要偏心。干部和教师能平等待人，同学之间的平等关系就容易建立和保持。

2.团结原则

团结是人际关系的重要原则。一个安定团结的社会环境，对公民的工作、学习、生活都十分重要，没有安定团结的社会环境，什么事也无法完成。团结作为一项原则，对培养人的高尚的道德情操，增强社会的凝聚力，促进社会的稳定，提高工作效率，促进人的身心健康，都十分重要。社会主义人际关系的团结原则，要求公民和睦相处、团结互助。当前，人们所提出的理解万岁的口号，便是发自内心，要求相互理解、相互信任的一种心灵的呼唤。但是，这种信任和理解是相互的，要别人理解自己，首先要理解别人。坚持人际交往中的团结原则，要求每一位公民对他人要诚恳，处人处事要讲究方式方法，正确处理好人与人之间的利益关系，遇到矛盾多作自我批评。那种吹吹捧捧、拉拉扯扯、吃吃喝喝的作风搞不好团结，反而是虚伪的表现。从团结的愿望出发，经过批评和自我批评，从而在新的基础上达到新的团结。在人与人之间的团结和友谊方面，需要忠诚去播种，用热情去灌溉，用原则去培养，用谅解去护理。

3.信用原则

信用，是中华民族的最古老的传统美德，它同忠诚一样，受到历代文人墨客的称颂，也被广大人民群众所推崇。它要求人们在交往中说真话、言必行、行必果。市场经济条件下，由于商业活动渗透到大学生的交友中，因此，他们的信用不但靠自己的道德力来约束，而且还在一定程度上靠法律来约束。信用在交往中是极其重要的，它已经成为一种判断行为方向的前提和评价交友质量的一个标准。一个人是否守信用，可以通过相互交往获得检验。在交往过程中，交往双方都要对对方作出评价和选择，不守信用者终将被抛弃。交友信用的原则有四个方面：一是守信，有约必到，有借必还；二是信任他人，不乱猜疑；三是不轻易许诺，实事求是；四是有自信心，待人诚恳，不搞虚假，不做表面文章，不背后搞小动作整人。这些准则对于市场经济条件下大学生人际交往具有现实的指导意义。

4.互助原则

互助精神作为中华民族传统美德的一部分，在我国各族人民中间都有悠久的历史。社会主义人际关系中的互助精神，包括集体与集体之间协作互助的精神；集体与个人之间的互相关心、互相帮助的精神；个人与个人之间的互相体贴、互相照顾、互相帮助的精神。社会主义人际关系中的互助原则还体现在助人为乐、扶贫济困、见义勇为等社会风貌上。

5.开放原则

开放原则是指在人际交往中要以诚待人，主动表露自身的真实情况，如自己的身份、特长、兴趣爱好等。敞开心扉是指对对方抱有诚恳和信任的态度。尽管世界上存在着穷凶极恶的人，但是绝大多数人都是善良的，开放原则正是建立在人性本善的基础上，相信只要以真诚的心对待别人，就会赢得别人的友谊和尊重。如果坚持人性本恶的观点，认为世界上的人都是凶恶的，时刻以防备敌对的心理来面对他人的善意，那么就不可能建立起良好的人际关系。

当然，向对方敞开心扉并不意味着将自身所有的秘密都透露给对方，而是在内心保留有自己的小天地。如果交往的双方完全清楚彼此的一切隐私，交往的过程就会变得索然无味；相反，如果双方都有着秘密，这种朦胧感会使人的形象更加完美。

二、大学生人际交往的常见问题

应试教育制度下的大学生以学习成绩为唯一的评判标准，这就导致大学生在进入大学前将全部的精力都放在了学习上，觉得参与社会活动是浪费时间的行为，因而较少参与现实活动，社交能力普遍较弱。在进入大学后，部分大学生无法科学地评价自己，对自己在社会环境中的地位和角色也没有正确的认知，从而产生多种交往困扰，严重者甚至影响心理健康。通过日常工作中的接触和观察，大学生常见的人际交往困扰主要表现为以下几个方面。

（一）缺少与人交往的意识

这类学生由于受社会条件、自然环境或性格特征的影响，而形成一种孤僻心理，喜欢独处，不喜欢与他人交往，也不愿意参加集体活动，经常独来独往，沉默寡言，他们或是高度专注于自己的大学生活和人生规划，不屑于与他人交往，骄傲自负；或是对自己的生活完全没有规划，兴趣爱好比较少，性格内向，沉浸在自我的世界中不愿意敞开心扉。这样的学生往往感受不到人际交往带来的乐趣，缺乏合作意识，集体意识淡薄，容易形成网络成瘾、抑郁等问题。

（二）缺乏与人交往的勇气

大多数学生都希望通过与人交流来摆脱孤独与寂寞，融入某一集体，被集体接纳，但是缺乏与人交往的勇气，产生羞怯心理，现实生活中这样的情况也较为普遍。我们经常会发现有的学生在与亲近的家人、朋友交谈时滔滔不绝，但一遇到陌生人，或者在正式场合发言，就会语无伦次、面红耳赤，从而错失很多交往机会。羞怯心理产生主要有两方面的原因，一个是先天遗传的神经活动类型，另一个就是后天的心理发展状况，而后者是主要因素。很多学生过于自卑，神经敏感，害怕自己在众人面前暴露缺点，期望值与理想值过高，从而形成一种心理定势，容易陷入焦虑、抑郁等交往心理障碍的怪圈。

（三）缺少与人交往技巧

受年龄及阅历等原因的限制，大学生的交往能力尚有很多不足之处，如与人交往的方法掌握得不够，缺乏与人交往的技巧等，由此引发沟通不畅，交流失败等问题。调查发现，部分大学生存心理上的交往障碍，心胸比较狭隘，对比自己优秀的同龄人有着较强的嫉妒心理，敏感且脆弱，对于周围的世界有着防备，以为别人是怀抱着恶意才与自己交往，因而无法敞开心扉、真诚地与别人交往。即使勉强与别人交往，也会因对方无心的举动而觉得自己的自尊心受到了伤害，进而引爆内心的负面情绪，并且以歪曲的形态爆发出来，最后产生不愉快，敌视等问题。另外有些同学虽然没有心理上的交往障碍，并且有着强烈的交往意愿，但是由于成长背景及价值观等方面的差异，导致他们对于正确理解和感知他人的情绪，或者在面对他人的理解时无法准确传达自身的情感，由此引发一系列焦虑、抑郁等心理问题。

（四）容易以自我为中心

现代大学生容易以自我为中心，在人际交往中这种自我意识尤为明显，具体表现在：他们贯彻着严以律人、宽以待己的理念，以超高的标准来要求别人，却以极低的标准来要求自己。无论是与同学交往还是在与教师的沟通交流中，几乎从不在乎别人的感受，做任何事都是从自我的角度出发，不会站在他人的立场进行思考，班级组织集体活动时也没有与其他同学合作的概念。这种以自我为中心的思想在大学生的人际交往中产生了极为不利的影响，最直接的后果是部分大学生在进入大学后无法适应群体生活，不得不休学或退学。

（五）交往中功利主义严重

在中国市场经济改革不断深化、就业压力日益增大、竞争日益加剧的情况下，大学生越来越重视人际交往过程中的物质利益。越来越多的大学生追求"有用就是真理"的实践价值。因此，在与他人交流的过程中，一些大学生盲目地强调自己的感受，只关注自己的兴趣；而另一些则认为他们是实现自己兴趣的工具。一些学生将功利主义作为人际交往的思想，只与有用的人互动，而不与他们认为无用的人、善于深层交流的人和不善于浅层交流的人互动。

（六）故步自封抵触交际

当前，由于缺乏人际交往的领导能力，一些大学生习惯于独自一人，并将其视为"时尚"，在这种情况下，人际交往问题无止境。许多大学生由于缺乏交流和交流方面的实践经验而害怕人际交流，并且由于焦虑和自尊心低而经常避免说话并避开其他学生。即使在与他们沟通的过程中，也很难表达出真实地感受和想法。许多大学生被动地封锁自我，常常不愿与人际交流，这容易导致他们的性格偏执，引发大学生之间的人际交流危机。

（七）沉浸虚拟人情淡漠

在线虚拟交流是一把双刃剑，一方面，它能够扩大大学生的社会地位；另一方面，大学生往往变得对现实世界和现实世界中的人际关系一无所知。大学生在现实世界遇到人际交往存在问题后，倾向于以强烈的主观能动性选择互联网上的虚拟互动来追求舒适和满足感，结果他们对真实的人际关系漠不关心并形成恶性循环，倾向于逃避。沉迷于互联网，最终导致不良的自我封闭和性格下降的现象，对待现实中的人际关系越来越冷漠和疏远。

（八）缺少知心朋友

这类大学生通常多能正常交往，人际关系也不错，但与周围很多人的关系都浮于表面，不能进行更深层次的交往，缺乏心灵的沟通，自感缺乏能互吐衷肠、肝胆相照、配合默契、同甘共苦的知心朋友，为此，有时不免感到孤独和无奈。

三、大学生人际交往常见问题的成因分析

（一）个人和家庭因素

1.自身因素的原因

阻碍大学生进行良好的人际交往的因素是多种多样的，总结起来主要包括以下几方面：

第一，有些大学生内心有着优越感，觉得自己比其他人要优秀，总是以一副居高临下的态度来对待他人，在与他人交往中表现为好为人师，这种骄傲自大的态度很难被人接受。

第二，有些大学生内心有着自卑情结，总以为自己不如别人，在与人交往中缺乏自信，不敢表达自己的想法和意见，畏畏缩缩的表现，常常被人看不起。

第三，部分大学生沉浸在自己的世界中，不愿意敞开心扉与他人交流，这种封闭自我的心理会给他人以高冷、难以接近的感觉。

第四，有些大学生的心胸不够宽广，总害怕别人超过自己，在与人交往的过程中常以自我为中心，无法以欣赏的心态来看待他人身上的优点，对于比自己优秀的人总是爱揭人短。这种交往心理给人惹是生非的感觉。

第五，有些学生的猜疑心比较重，总以怀疑的眼光来看待他人，怀着这种交往心理，常常容易误解别人。

第六，有些大学生性格急躁，遇到和自己不一致的意见时喜欢争执。出现问题时容易激动，有时会将小问题激化成大矛盾，这种交往心理，通常使人反感。

健康积极的社交心理是造就良好人际交往的关键因素。如果一个人内心阴暗，不懂得尊重和理解他人，那么他是不可能获得友谊的。有些大学在人际交往出现问题时，不从自己身上找原因，反而抛出没有缘分等借口，这些都是片面、肤浅的说法。

2.家庭教育的原因

当前，大学生在这样的环境中成长：父母会主宰孩子，并且在做每件事时都保持自我中心的态度，但是这样教育出来的孩子缺乏理解，适应和照顾他人的意识。从儿童时代开始，父母就一直在严格地保护和控制孩子，以至于他们缺乏人际交流和探寻个人心理空间的机会，并且在面对人际关系问题时容易蒙受损失。随着社会贫富差距的加剧和家庭经济状况的变化，一些学生的自尊心、悲观情绪

和退学率低下，加深了大学生之间直接沟通的障碍。

同时，作为构成社会的细胞，家庭在塑造和培养青少年人格中起着根本性的作用。家庭关系状况对大学生的心理健康有重要影响。离异的父母，单亲家庭或父母之间的紧张关系都会给孩子带来不可磨灭的心理阴影，导致其形成不健康的性格。此外，随着社会经济的发展，家庭中的孩子数量越来越少，因此家庭中的长者也越来越宠爱孩子，这些孩子便形成了更加鲜明的个性和以自我为中心的感知力，缺乏分享感，不懂得考虑他人的感受。同时，由于生活环境和社会的飞速发展，青年学生在日常生活中与同龄人进行深入接触和交流的机会和时间有限，缺乏顺畅的沟通机制。有些学生比较内向，通常处于封闭的世界。对于大多数学生来说，大学生活是第一个真正的小组生活经历。除了学习之外，在宿舍中与其他学生进行社交、小组活动、俱乐部活动等也需要良好的人际交往能力。这时，有些大学生由于缺乏相关的生活经验和认知，无法有效解决群体环境中由于性格、工作和放松方式差异引起的偶然冲突，并且难以传达相应的情绪，这很可能成为人际交流的障碍。

（二）学校因素

当前我国的教育仍以知识传授为主，以成绩和升学率作为衡量学生和学校好坏的主要标准，对于学生能力培养方面明显不足。很多学校觉得学生只要长大并进入社会了，自然就学会如何与人沟通交流了。在这种教育理念的指导下，部分大学依然将学习成绩放在首位，虽然校内开设了思想道德教育的课程，但是校领导并不重视，反而以为只不过是种形式。由于学校忽略了对学生人际交往和沟通技巧的教育，导致学生缺乏交往技巧，不敢在公众活动中讲话，甚至面试时会出现紧张、恐惧情绪。

（三）社会因素

伴随着市场经济体制的进一步深化，人和人之间的关系变得越来越冷漠。越发激烈的社会竞争使得人与人之间的关系更加疏离，彼此之间的沟通更加困难。虽然现代社会不断提倡传统观念，倡导人们以公义为重，但是不可否认的是，市场经济背景下，人们对金钱和财富的追求越发迫切。很多人将金钱作为唯一的人生目标，越来越追求名利。大学生年纪较轻，好奇心很重，容易接受新思想和新事物。在大学生的人际交往中不时可以看见功利主义的影子，从而在家庭条件较好的学生和贫苦学生中出现差别对待的现象。

（四）互联网时代弊端

1.网络社交影响大学生面对面交流机会

随着互联网的迅速发展，手机电脑不断得到普及，各种聊天软件层出不穷，越来越多的大学生热衷于互联网人际交往，利用网络流行语和表情包增加线上聊天情趣，拉近彼此距离，设法替代现实交往的实时性和动态性。

然而，如果过度依赖网络进行人际交往，在现实中与他人沟通时就容易产生紧张情绪，语言动作变得不协调，严重者甚至畏惧交流，产生社交恐惧症。大学生即将步入社会，走上工作岗位，长期沉溺于网络社交而造成的现实交往障碍终将影响其与同事、领导的有效沟通，让大学生难以融入工作集体，对社会适应能力造成负面影响。

2.网络社交存在交往对象隐匿特征

网络社交所具有的虚拟性和匿名性的特质使得网上的信息真假难辨。对于网络环境中的交往对象，人们根本无法判别他说的情况到底是真实的还是虚构的。大学生在进入大学前一直受家庭和学校保护，生活阅历较少，思想也比较单纯，很容易被网络交往对象的花言巧语所蒙蔽。

涉及男女交往的网恋尤其是大学生受骗的重灾区。在网络这个虚幻空间里，大学生宣泄着内心对于至真至纯的爱情的向往，寻求着理想的灵魂伴侣。当他们无意间找到了能够理解自己的网络交往对象时，就会陶醉在与对方相见恨晚的情景中，觉得自己终于找到了理想的对象，并会全心信任素未谋面的网络交往对象。事实上，网络的另一端很可能是诈骗团队根据大学生的特点专门塑造的虚假形象，有些大学生缺乏相应的分辨能力，从而坠入诈骗团队的陷阱中，造成个人财产损失，甚至受蛊惑而误入歧途。

3.新媒体环境可能使大学生人际交往信任度降低

新媒体技术就像一把双刃剑，一方面它使人们之间的交流更加方便、快捷，依托于微博、QQ、微信等社交网站使得大学生的人际交往突破了时空的限制，可以随时随地开展交流。如大学生在毕业之后即使不在同一个地方工作，也可以通过社交软件保持联系，使得他们原本的人际关系得到更好的维护。在结交新朋友这方面，新媒体也有着明显的优势，它跨越了语言和国家的限制，使得大学生有机会和国外友人进行人际交往，这不仅拓展了他们的人际交往范围，而且间接提高了他们的人际交往能力。但另一方面，新媒体提供的交流平台具有明显的虚拟性，很多人以匿名的方式和多重身份进行交流，其中普遍存在言行失范、真实缺位等风险。"虚拟性"的交流取代了面对面的交流，以文字、图片等形式呈现的非真实身份交流导致了人际交往模式的改变，最终使得大学生的人际交往信任度降低。

四、大学生建立良好人际交往的构建策略

（一）建设专业化的辅导员队伍

辅导员队伍的素质和专业水平直接影响着大学生思政教育的实效。大学生在平时的生活中会遇见各种各样的人际交往问题，要想处理好生活和学习中的同学关系、宿舍关系、恋爱关系以及职业生涯规划问题等一系列问题，需要有老师的专业性的指导。生活中经常会出现不和谐的因素，面对不同性格和不同年龄的学生，老师需要深入到学生中间，了解学生共性和个性的需求，根据学生的年龄和心理特点，有针对性地指导学生，引导大学生更好地处理人际关系中遇见的问题，不断提高大学生的修养，而这就需要专业化的教师队伍。通过专业教育和培训培养，系统地学习思政教育学、社会学、法律学和心理学等专业知识，打造一支专业素质过硬的辅导员队伍，才能更好地培养合格的接班人。

（二）加强校园文化建设

校园文化是学校在历史进程中演绎的产物，是学校特色和魅力的体现。对于高等院校而言，校园文化的重要性更是不言而喻的，可以说，校园文化是一所大学的灵魂。不同高校有着不同的校园文化，在校园环境风格、全校的精神气质、人际关系、教书育人的气氛等方面都有着显著的差异性。校园文化对学生成长所起的作用是不可估量的。良好的校园文化对于激发大学生潜能、引导大学生的健康发展有着正面的引导作用。有关研究表明，互相尊重、互相关爱、民主和谐的人际关系有助于学生良好精神面貌和安康心理素质的形成；丰富多彩、安康向上、寓教于乐的校园文化活动更有助于学生个性特长和创新才能的培养。为此高校要加强对校园文化的宣传教育工作，以校刊校报、宣传栏为载体，打造师生认同的主流校园文化。同时开展丰富多彩的校园活动，通过篮球赛、拔河和足球赛等集体活动增强学生的集体荣誉感和凝聚力；通过演讲比赛等活动锻炼学生的表达能力；通过主题班会加强学生间的沟通交流。丰富的活动还可以避免学生沉迷虚拟网络，培养良好的生活方式。

　　宿舍是学生的第二个家，整洁、优美、富有教育意义的环境宿舍有益于学生情感的陶冶，心灵的美化。为此高校要充分认识到宿舍文化建设的必要性，大力开展宿舍文化建设。高校可开展宿舍装扮活动、文明宿舍评比等活动，引导学生树立正确的价值观念，同时提高学生的集体荣誉感。

（三）完善心理辅导和咨询体系

　　面对有人际交往困扰的学生，可以通过个别辅导和团体辅导相结合的方式进行干预和引导。通过个别辅导来帮助学生分析困扰产生的内源性和外源性因素，有针对性地给出合理建议和具有可操作性的具体解决方案；通过团体辅导为学生提供交往的环境和机会，在模拟的社交情景中，学生可以尝试各种交往方法来达到沟通交流的目的，从而提高人际交往能力。同时还可以通过开展相关心理卫生讲座、社交专题讲座等方式帮助学生正确认识自我、科学看待心理困惑，并帮助学生掌握一定的人际交往技能。

（四）丰富人际交往平台

　　课外活动是大学生丰富课余生活，提高社交能力，促进身心健康的重要途径。学校在充分考虑自身条件的情况下，可以开展丰富多彩的校园文化活动和社会实践活动，吸引更多的大学生主动参与到活动中，增加人际交往的机会，丰富交往平台和途径，通过实践来增强人际交往能力。同时因人际交往问题而产生心理困扰的学生也可以在实践活动中转移注意力，得到心灵上的释放。

（五）维系积极网络交往状态

　　首先，在新媒体环境中，互联网已然成为大学生不可或缺的交往工具，大学生使用互联网与朋友、同学保持友好的关系，有助于缓解他们对于新环境的焦虑感，以积极阳光的心态面对相对陌生的大学生活，为此高校应发挥网络社交的辅助性作用，对于大学生良好的网络心理行为给予支持和鼓励，帮助学生协调现实交往与网络交往的关系。

　　媒体中报道经常出现大学生引起的恶性伤害事件之类的事件，究其原因，多在于个别大学生长期陷入网络游戏中不能自拔，这种不适当的网络交往影响身心健康，使大学生缺乏人与人之间本该的实际接触，形成凡事以自我为中心的思维习惯，甚至用网络游戏的角色塑造现实的自我，将自我凌驾于他人和社会之上。针对大学生过于依赖网络交往引发的自我封闭和抑郁，以及社会融合度降低等问题，学校要认真对待，采取生生互助、师生交流等方式进行干预。学校要对大学生使用网络的频率和目的、是否正确使用网络进行人际交往等问题定期进行调查研究，帮助大学生树立网络交往是现实交往延伸的健康人际交往观念，进而让学生理性使用互联网，鼓励学生在现实生活中扮演好自己的角色，承担起自己的责任，以积极的态度参与网络社交。

其次，网络交往是在高科技手段构建的虚拟空间实现的，网络交往中的内在攻击性更加隐晦。大学生处于身体发育逐渐成熟、精力充足、好奇心强、接受能力强、情感丰富、渴望友谊和交流的阶段，由于网络安全知识的匮乏，大学生经常成为网络诈骗的主要对象。网络安全知识学习是保障大学生理性进行网络社交的前提。客观看待网络交往对象的言行，拥有对网络社会分析辨别的能力，是互联网时代大学生规避网络风险和避免网络成瘾的重要品质。

高校可通过开设网络安全知识主题讲座、举办与网络安全相关的知识竞赛，不定期开展班级会议和网络交友道德教育，通过多种手段不断强化大学生防骗意识。对于情感和财产已经造成损害的同学，学院及班级应组织形成帮控小组，对其进行心理安抚和疏导，监督其通信设备中软件的安装和支付软件的正常使用。

最后还要加强网络监督管理，引导学生正确认识网络人际交往。大学生与网络有着密切的接触，无论是学习中还是生活中都会运用网络，但是需要注意的是，由于网络具有虚拟性，如果轻易相信网络信息，则会出现一些负面结果，甚至有的学生在被骗后对周围的人和事失去信任度，这样对于人际交往能力的提升极为不利。在这样的情况下，高校应该加强网络监督管理，减少一些社交网站上出现的不良信息，并且要对学生学习中常用的 QQ 群、微信群等进行排查，将其中没有进行实名认证的用户进行剔除。另外，高校还需要注重提升学生的新媒体素养，让学生能在网络世界中杜绝发布虚假信息，以及对不实信息进行举报，这样对于营造良好的网络人际交往环境具有重要意义。

第三章　大学生生命教育与心理危机干预

近年来，对大学生进行生命教育和心理危机干预越来越受到重视。本章将对大学生生命教育与心理危机干预进行阐述，主要包括两节内容，分别是第一节大学生生命教育、第二节大学生心理危机干预。

第一节　大学生生命教育

一、生命教育相关概念

（一）生命的定义

19 世纪初，"生命"作为科学概念被单独提出来，基本与"生物学"同步发展。生物学引出"生命"概念是为了研究生命的共同特征和生物共同发展的规律，生物学家认为生命必须有以下几点特征：生长、繁殖和遗传、细胞、新陈代谢、应激性。教育领域对生命的定义包括但不局限于生物学上的机体生命的有无，还应该包括社会学上的生命，即个人的生命意义、生命价值等。

（二）生命教育的内涵

生命教育有多种定义，朱京认为生命教育是帮助人们认识生命、珍惜生命、尊重生命、热爱生命，提高生存技能和生命质量的一种教育活动[1]。由此可以看出，无论中外，对生命教育的内容都不仅仅局限在生命本身，还应该涵盖其他内容，

---

[1] 朱京.当代大学生生命教育中的问题及其原因、对策探究 [J].文化创新比较研究.2018, 2（36）：175-176+196.

包括生命、死亡、生存技能等。

二、大学生生命教育的实质

（一）生命意识教育

生命意识是人最重要的意识，开展生命教育的起点就是培养学生的生命意识。在大学生中开展生命意识教育就是要让学生意识到生命的真谛，教育引导他们树立科学的、正确的、完整的生命认识，即不仅要尊重和热爱自己的生命，无论身处何种逆境都不轻易放弃自身的生命，而且要对自身以外的生命给予同等的尊重和热爱，珍惜其他人和物种的生命。帮助他们认清生命的本质，欣赏生命的美好，肯定自己、悦纳自己，形成天生我材必有用的信念和对生命的积极正确的认识。

（二）生命历程教育

生命历程教育是针对大学生生命发展过程中的不同需求而开展的教育。生老病死是每一个生命体都必然要经历的生命历程，没有任何一个生命体能够挣脱掉生命的轮回，这是极其自然的生命现象。在生命历程教育过程中，一方面要引导学生认识到人生并不是一帆风顺的，困难、挫折才是人生的常态，引导学生在面临逆境甚至是绝境时要用正确的心态来对待，正可谓"天将降大任于斯人也，必先苦其心志，劳其筋骨，饿其体肤，空乏其身，行拂乱其所为，所以动心忍性，曾益其所不能"。应当引导学生意识到困难、挫折虽然为自己的成长和发展带来了不幸，但同时这些挫折也是人生中必不可少的历练，正因为经受了风雨的磨炼，生命才会更加顽强，人类就是在与这些困难、挫折的抗争中由天真走向成熟。另一方面，要对学生进行必要的生理知识教育、习惯教育、死亡教育，使大学生对于人生各时期的生理和心理变化都有正确的认识，在与同学、朋友、家人的相处中做到既能尊重他人也能尊重自己，从而去建立起良好的人际关系。帮助大学生认识到良好习惯的重要性，进而让他们养成良好的生活习惯与健康的生活方式。立足大学生实际，有针对性地开展死亡教育，进行生命教育表达对生命状态的关注，使学生更深刻地体验和感悟生命、珍惜生命、敬畏生命，更加认真地对待生命、提高生命质量。

（三）生命安全教育

安全是生命的保护神。对于大学生的生命安全教育包括生命安全保护、生命安全救援与职业安全教育。首先，教育大学生关注自身生命安全防护与保护，教育和引导他们树立和强化保护自身生命安全的意识与行为。在人身财产安全、消防安全、交通安全、食品卫生安全、网络安全、心理健康等方面提高防范意识，掌握安全基本常识与避险技能。其次，教育大学生掌握必要的救护知识、安全救援知识，遇到危险时能够在保障自身安全的前提下对处于困境的人员实施生命安全救援。

（四）生命价值教育

人除了是自然世界的一分子，还是人类社会中的一员，是具有精神活动的个体。生命价值教育旨在让大学生对生命的价值有正确的认识与合理的期待。改革开放以来，伴随经济的快速增长与发展，享乐主义、利己主义、拜金主义的沉渣泛起，一定程度上对国人包括大学生形成了极大的冲击。部分学生对物质追求不切实际的膨胀，压制了他们对生命价值的科学认知。通过生命价值的教育，让学生认识到生命是有限的、宝贵的，同时也是脆弱的、短暂的。人生价值不应该仅仅用金钱名利来衡量，在有限的生命里，应尊重生命、珍惜生命、热爱生命，做对人类社会有意义的事情，努力实现自我价值。帮助大学生涵养对生命的敬畏，形成正确的生命期待，使他们学会欣赏生命、感悟生命，谨慎地对待生命、珍惜生命，认真地思考和擘画人生，领悟生活的真谛和人生的意义。

三、大学生生命教育的意义

（一）是时代发展的必然要求

青年时代是一个人生命价值观形成的重要阶段。习近平同志在十九大报告中指出："青年兴则国家兴，青年强则国家强。青年一代有理想、有本领、有担当，国家就有前途，民族就有希望。"[①] 传统的学生管理及教育方法，对于成长环境的大相径庭的新一代，效果已经大打折扣。随着社会的进步，新一代大学生的思维逐渐朝着早熟化、个性化、独立化、叛逆化等方向发展。近几年也多见大学生因多种原因做出极端行为的报道。这些归根结底都是缺乏高质量生命教育的结果。素质人才的有力保障

对国家而言，有潜力的青年人才应当达到以下两点要求：第一，具有过硬的专业技术素养；第二，具有积极向上的思维意识形态。只具备专业知识，则难以

---

① 权威发布：十九大报告全文 [EB/OL]（2017-10-18）[2022-9-17].http://www.sppgov.cn/.

发挥人员个体的主要效能；只注重意识形态培养，则不易于在当代激烈的国际竞争中赢得领先。思维意识形态是青年人才为国贡献的基础，而积极向上的生命价值观则是大学生形成正确思维意识形态的有力保障。不难断定，一个无法以健康、积极、正确的思维方式看待生命的青年个体，在未来的发展中也必然会陷入畸形的境地。

（二）是高校的责任也是使命

高校开展生命教育的意义在于顺应时代发展的需要，丰富了思想政治教育的内容，有利于回归大学教育的本源。高校的另一份职责就是作为承接青年人才从课堂学习到社会实践的重要中转站，起到承上启下的作用，因此，高校也是青年人才思维启迪的摇篮。高校对于青年人才思想建设的重视程度，将直接影响学生进入社会后的人生路线。因此，生命教育对高校而言即使责任也是时代赋予的重要使命。

四、大学生生命教育的现状与原因分析

（一）学生层面

1.部分大学生缺乏敬畏生命之心

在当前的教育中，从小学到中学再到大学，家长和教师普遍偏重学生对知识的学习和技能的掌握，而往往忽视了对学生的情感培养和道德教育。新生入学时经常会看见这样的景象：家长肩上扛着、手上提着沉重的行李，新生却两手空空，这从侧面反映了当前大学生的自理能力还有很大的提升空间。这种环境下培养出的学生，在学习和生活中一旦遇到一些矛盾和问题，就容易惊慌失措或者简单粗暴处理。大学学业压力小了，又远离自己的父母，一切要靠自己来处理，他们的问题也随之暴露，进入大学后，往往会有"人生目标失落"的感叹和困惑，"郁闷""空虚""没劲""无聊""崩溃"等成了他们挂在嘴边的高频词，不注重思考和体育锻炼。如果自我存在的意义被个体忽视了或者缺乏探索，个体就容易缺失生命意义感。

2.部分大学生缺乏积极进取之心

随着大学招生规模的不断扩大，在校大学生学习动力缺乏的人数正快速增长，部分大学生虽然内心渴望未来做一番大事业，但是却缺乏脚踏实地艰苦奋斗的决

心和勇气，面对生活和学习中的问题，缺乏持之以恒的毅力，往往出现回避和退缩行为，这一切势必阻碍了对生命意义探索的脚步。

3.部分大学生缺乏积极乐观的情绪

具有健康人格的人是心理健康的人，更是三观健康的人，符合社会与个人的进化方向。主动性人格和生命意义感的相关性和线性回归分析的研究说明，主动性人格能够正向预测生命意义感。人格与生命意义感之间存在显著相关，人格可以显著预测生命意义感。人格越健康，生命意义感就越高。学生进入大学后，生活环境、学习方式及人际关系模式的变化带来了新的问题、新的挑战，部分学生仅仅着眼于解决困难，往往忽视了个体人格特质的培育，当面临新的困惑而以往的经验又无法帮助自己从根本上解决时，焦虑、抑郁、恐惧等负面情绪就会接踵而来，个体不断地体验着负面情绪，心理问题随即产生，严重者可能导致心理疾病。引发人格障碍。有研究认为，人格障碍等心理问题已经成为困扰大学生的严重问题。

（二）家庭及社会层面

生活节奏的不断加快使得父母们的工作和生活压力都在日益增大，为了维持生活，部分父母不得不投入更多的时间和精力到工作中，从而忽略了亲子关系的培养。有的父母秉持着金钱至上的错误观念，认为现代社会是金钱有了钱就有了成功和幸福，忙于挣钱，忽略了对孩子的陪伴和爱，导致他们内心灰暗，对待生活不积极。部分离异家庭和单亲家庭的孩子也存在着缺失温暖和关爱的现象。有研究表明，家庭氛围和家庭亲密度与大学生的生命意义感呈正相关，家庭氛围越和谐，亲密度越高，大学生的生命意义感越发强烈。相反，家庭成员间比较疏离，大学生的生命意义感也比较弱。

当今社会多元化的趋势越发明显，人们的价值取向也更加多元化，大多数人更加注重自身的发展，对于社会缺乏关怀意识，同理心较为薄弱，对于他人的痛苦无法感同身受，集体合作意识淡薄，"空心病"群体、佛系青年群体规模也越来越大，不知自我存在价值和意义为何，这些势必对大学生产生负面影响。

（三）院校层面

1.生命教育体系建设不健全

大学里，各种专业课程的学习占据了学生大部分在校学习的时间，重知识、强技能成为大学生的奋斗目标。高校的课程体系中少有生命教育相关课程,生命教育水平不高或只是开设了生命教育相关的边缘性课程,生命教育内容贫瘠,生命意义感与生命感知教育缺乏融合,有关生命意义和价值的知识只能穿插在其他相近学科中讲授,缺乏完整的知识体系建设,难以形成生命教育环境,生命意义教学的效果甚微。

2.生命教育专职教师队伍不理想

生命教育知识体系牢固且经验丰富的生命教育专职教师的缺乏是导致生命教育效果不理想的重要原因。尽管当前高校都开设了类似的生命教育边缘课程,但是教授生命教育课程的教师大都是由思政教师或其他教师兼任。这些教师对于大学生思想道德的教授更有经验,但对于生命教育和生命意义的宣讲缺乏针对性和专业性,很难引导学生通过超越自我反省去追寻、探索生命的意义,以及体验生活中的意义和美好。即使听过教师关于生命知识的讲授,学生也无法理解生命的本质及生命的意义,导致生命意义感淡薄。

3.生命教育方式不够丰富

我国现行的教育体系并没有将生命教育作为一个固定的模块纳入到教育教学计划当中来,也没有明确的教学目标和教学计划,教学理论研究滞后,尽管高校注重学生的体验成长,但是宣讲仍是生命教育活动的主要形式,理论基础比较薄弱,深入力度不够,生命教育的氛围难以形成,生命教育体验的效果不明显。

五、大学生生命教育体系的构建

大学生生命教育是一项综合的教育活动,需要整合学校所有的教育资源,通过形式多样、内容丰富的教育手段,动员从学校领导、辅导员、班主任到学业导师各方面的教育力量,构建全员参与,全过程、全方位地培养大学生的生命教育体系。

(一)在课堂中开展大学生生命教育

大学阶段,大学生的主要任务依旧是学习,所以,课堂作为大学生获取知识的主阵地,仍旧是开展大学生生命教育的主要渠道。高校应该将生命教育课程纳入学校的教学计划,开设专门的生命教育必修课与选修课,由教师向学生传授生命健康的相关知识,提升学生的心理素质,引导学生心理及人格的积极发展。同时,高校还应在教育过程中全面展示生命教育理念,在综合课程中设置生命教育相关内容。通过营造良好的教育环境和体验式、互动式的教学方法,让学生亲身体验和感悟，逐渐形成对生命的正确认识与深刻理解，顺利地度过大学时光，并完成人生历程中的重要转折，获得心灵上的成长。

（二）完善心理咨询，解决大学生生命困惑

心理咨询是高校开展心理健康教育工作的专门途径之一。研究表明，心理咨询对于自闭症、多动症、感知障碍等心理疾病有着积极的矫正作用，对于不健康的心理状况也能起到较好的疏导作用。对于出现心理问题的学生，高校的心理健康教师可通过个体咨询的方式，为大学生提供专业、科学、规范的心理咨询服务，帮助学生解决心理及生命困惑，促进学生健康成长。

除个体咨询外，学院还可以通过开展多角度、多层次的"生命教育周"系列活动，帮助学生调整心态，引导同学们正确认识理解生命，做到敬畏生命、珍爱生命，帮助同学们树立正确的生命观，全方位加强大学生心理健康教育，切实保障广大学生的健康安全。

（三）进行危机干预，保障大学生生命安全

目前，大学生心理健康问题日益突出，自杀人数相对增加，但绝对人数并未明显增加。即使这样，这也是一个重要的信号，要求从事学生工作的人员必须高度重视大学生的心理健康尤其是心理危机问题。为此高校要做好新生心理健康状况筛查及在校生心理健康状况排查工作，重点关注危机易感人群，如学习困难的学生或者身体患有严重疾病的学生，为这些学生建立相应的心理健康档案，并进行跟踪关注，为学生的生命安全筑起一道牢固的防护网。

（四）利用校园文化激发大学生生命潜能

大学校园文化建设对丰富大学生的精神文化生活、培养大学生高尚的道德品质、提高综合素质是极为重要的。大学生追求的是高品位的精神生活，他们的社会地位、知识水平及年龄心理特征，都使他们向往高尚的文化生活，寻求高层次的精神享受，形成高雅的文化生活氛围。高尚的文化生活必然是积极向上的、充满青春活力的，有理想的追求也具有时代的气息。高校应该以校园文化为载体，开展一系列内容丰富、形式多样、参与性强、针对性强、覆盖面广的特色教育活动，把娱乐学生的身心、陶冶其性情、潜移其品性、培养其情操、塑造其灵魂，作为指导思想，在种种校园文化活动中积极引导学生，逐步孕育一种民族的爱国主义的文化氛围，一种崇尚英雄献身为国的氛围，一种勤俭为民、艰苦建国、人

民利益至上的氛围，使大学生在收获成长喜悦的同时，也能够产生成就感，感悟人生的美好。

（五）增加社会实践，提升大学生生命价值

生命教育的目的不仅仅是使学生认识自己与他人生命的重要性，更重要的是让学生能够用行动去热爱生命，实现生命价值。所以，在课堂教育的基础上，高校还应重视社会实践在生命教育过程中的重要性，在帮助大学生实现自身价值的同时，促进大学生形成社会责任感。高校可以组织学生参观抵制吸毒、预防艾滋病的相关展览；组织学生到养老院、福利院、临终关怀机构等地开展志愿服务活动；还可以带学生参观产房、婴儿室、手术室等，让学生了解生命的起源，并学会尊重生命的尊严，从而帮助学生唤醒生命意识，启迪精神世界。

六、大学生生命教育对策分析

（一）高校层面

1.完善生命教育课程内容

生命教育是一门复杂的学科。对于生命教育的内涵，不同学者有着不同的观点，但是他们一致认同，生命教育由生存教育、灾难教育、死亡教育、生涯教育及逆境教育五个模块构成。因此高校开展生命教育课程时也需要从这几个方面着手。生存教育是生命教育内容的根本，因为谋求生存是人类最根本的需求，人类只有掌握了生存技能才能开展正常的生产生活。生存教育的内容非常广泛，如在特殊时期教会了大家如何科学防疫，同时也提醒我们要重视日常身体锻炼。除此之外，生存教育还要求学生掌握简单的急救常识，这样可以降低伤害程度，甚至可以挽救生命，从而提高生存能力，培养自我保护意识，提高自护自救能力。灾难教育主要包括灾难防范与灾难应对。灾难防范的目的是引导学生形成正确的危机意识，强化对危机的感知与判断，学会识别并科学防范。灾难应对的目的则是引导学生掌握科学有效的应对措施，重点强调心理层面的应对，这样可以帮助学生完成灾后心理健康重建、保障心理健康。死亡教育是生命教育必不可少的部分。通过死亡教育，培养与提升死亡事件应对及处理能力，帮助形成正确的死亡态度，不回避死亡，正视死亡，以人文关怀的态度来对待死亡，从而达到树立敬畏生命的正确生命价值观的目的。生涯教育的目的是帮助个体认识自我、突破自我、更

好地实现生命价值。它要求教师帮助学生培养科学的规划意识，树立适合的生涯目标，从知识、态度以及能力等各层面去体会责任、义务和权利，在正确的社会价值观的引领下，挖掘自身潜力，完成个人目标，提升个人价值，提升强化社会责任意识。逆境教育是生命教育的重要一环。现实生活中并不总是一帆风顺，总会面对失败和挫折。长期处于顺境，容易使人懒惰、消沉，缺乏面对困难的勇气与解决问题的能力，所以我们具备接受并理解失败的能力，积累不怕困难的勇气，在逆境中找准原因，这样才能帮助我们快速成长、成熟，毕竟成功总是由无数个失败拼凑而成。教师应主动发现并帮助学生合理地发泄消极情绪，积累心理能量，引导学生跳出舒适区，不断迎接新的挑战。

2.提升大学生生命意义感

（1）重视大学生就业心理指导，提升生命意义感

大学生的就业发展同样有利于提升其生命意义感，和平年代的使命感更加表现在以工作的形式展现出自己对于社会的价值。如鲁迅先生弃医从文，就是在选择职业道路的过程中确立了自己为之努力的目标，不断深化了自己的生命意义感认知。因此做好大学生的就业心理指导，不仅可以帮助大学生找到自己的就业方向，在合适的行业与岗位中找到自己的价值定位；还可以帮助大学生在就业遇到困难以及在工作中遇到困难时，以一个平和的心态面对并接受，并且及时调整好心态，而不是因此对自己的生命意义进行质疑，从而影响自己的心理健康。

（2）重视大学生人际关系辅导，提升生命意义感

大学生的人际关系同样能够帮助其提升生命意义感，即实现生命意义感的方式与渠道是多种多样的，不仅仅可以依靠获得优异的成绩或者是找到满意高薪的工作，同样也可以在稳定和谐的社会关系中得以实现。自我价值的体现同样也是有着多元化的实现途径，不一定要做社会的英雄，也可以做朋友们的英雄。同时，良好的人际关系不仅本身就具有很好的心理调节作用，能够帮助大学生树立正确的人生观、价值观以及自身的生命意义感，同时更有多方面的益处，如帮助大学生在交流的过程中打开自己的眼界，丰富自己的见识，对于世界的多样性有深入的了解。因此，高校教育也应该加入人际关系处理的相关内容，帮助大学生掌握正确进行人际交往、在人际交往中提升自己的生命意义感的方法。

3.生命教育与思政教育融合

（1）依托思想政治课程开展生命教育

"思政课是落实立德树人根本任务的关键课程，思政课作用不可替代。"高

校的思想政治教育主要是以思想政治理论课程为载体展开的，因此高校可以依托思想政治理论课程开展生命教育，培养大学生的生命意识，学会敬畏生命、珍爱生命，享受生命。例如，生命教育与思想政治理论课程"马克思主义基本原理"相融合，在学习马克思主义的基本观点后，从人的价值理论出发，渗透生命教育，让学生理解生命的唯一性，理解生与死的辩证关系，知道"人"存在的意义。此外，还要将生命教育融入思想政治教育课程"形势与政策"中，以时代或社会热点问题切入，开展生命教育，也有利于学生成为适应时代发展的人。形势政策与理论的教育能够帮助大学生理性判断国际国内形势，把握国家的发展路线和方针，结合学生生命发展中关心、关注的问题展开教育，帮助学生理解生命的本质，探索生命的价值意义，让青年学生的生命意识、人生目标、价值观念得以清晰明了，能够积极主动投身于社会主义的建设中。

（2）共筑生命教育融于思政教育家校社合力

生命教育融入大学生思想政治教育是一项长期且艰巨的系统工程，需要学校、教师、学生、家庭、社会等多方力量的支持。大学生来自全国各地，地域因素制约着学校与家长的联系与沟通，教师、父母有可能都不能及时了解学生的成长发展情况，也无法准确把握学生的心理健康状况。首先，高校应该积极构建家校沟通机制，完善沟通渠道，争取形成一个紧密联系、长期配合的育人体系，让教师能了解学生的成长环境和心理发展过程，让家长能了解学生在校学习、生活期间内心产生的焦虑和困惑，及时给予鼓励支持，共同呵护大学生的心理和精神健康。其次，将生命教育融入大学生思想政治教育还应该发挥社会的重要基础性力量，营造和谐向上的大学生思想政治教育育人环境。网络舆论会直接影响大学生的价值选择和价值判断，这就要求社会坚持正确的舆论导向和正能量的功能引导。例如对社会中关爱、褒扬生命价值的实例进行积极宣传；对社会中发生的暴力事件、故意杀伤动物、伤害人等事件进行理性报道，发挥社会教育的积极功能，引导大学生提升自我判断能力，自觉抵御社会不良风气，并使他们认识到生命的价值意义所在，学会敬畏生命、珍惜生命。

4.组织并培养生命教育专业团队教师

组建培养专业的师资团队，是生命教育的重中之重。生命教育教师应成为学生生命成长中的重要引路人。要做经师与人师的统一体。生命教育教师的生命化培育应贯穿教师成长始终。其教师自身生命的成长与成熟，除其他必备因素之外，绝离不开亲身经历的生命教育教学实践的沃土。而成功建构的研究性学习型团队则会成为生命教育教师幸福成长的心灵家园。

5.建立生命教育管理服务体系

结合当前学校开展生命教育及评价与管理体系的现状来分析，当前部分学校虽然能够基于新课改的教育原则和教育现代化的应用理念对生命教育及评价管理体系做有效建设。但是在实际运行和操作过程中依然存在有显著的问题亟待商榷与解决。学校在开展生命教育、构建符合生命教育需求的评价管理体系时，务必要结合现有的教学资源和教学方法改变传统的评价和管理模式。进而为后续的生命教育评价与管理体系建设提供新思路、新方法、新规划。校内方面，学校应先帮助学生了解生命相关法律常识，明确法律规定的权利与义务，同时学校应以专业教师团队为核心，二级学院心理辅导老师为主力，班级心理委员及宿舍舍长为生力军，结合心理危机干预机制，形成管理服务体系。

（二）学生层面

学生作为受教育者，除了认真完成老师的任务要求之外，也可以通过打卡的方式，来帮助自身提升。通过打卡可以改变不良习惯，比如早睡、早起，按时吃早饭，控制玩手机的时间，等等。也可以帮助养成优良习惯，比如锻炼身体、阅读、看新闻、学习乐器、练习英语口语、做好事等。通过打卡的方式帮助学生完成学习的积累与沉淀，使之形成正向循环，达成人格完善。同时也会潜移默化地影响个人价值观，帮助树立正确的生命价值观念，进而帮助改善朋辈群体文化导向，实现"青年强则中国强"的愿景。

（三）家庭层面

随着社会的发展，人们的生活水平有了很大改善，可是人们的精神生活却由于面临更多的选择，往往无所适从，青少年是人成长的关键期，更容易受外界环境的影响。随着现代化进程的迅速推进，家庭教育面临着新的挑战，还存在和青少年成长需要不相适应的诸多方面，相当一部分家长不了解青少年学生身心发展的规律，忽视青少年渴望得到理解与尊重的需求，对孩子或者期望值过高，或者漠不关心，或者过分包揽，或者放任自流，加剧了部分青少年学生的心理问题，如厌学、离家出走、自杀等，有的甚至走上违法犯罪的道路。因此，迫切需要引导家庭开展科学、正确的生命教育。家庭教育是整个教育链基础中的基础，是关键中的关键。生命教育离不开家庭教育的支持。家长应增强教育教学技能，能学会与子女沟通，以自身的行为作示范，引导孩子身体力行。

（四）社会层面

随着社会的发展，教育的社会化和社会的教育化正成为现代教育发展的重要趋势。现代教育不仅在时间上扩展到了人的一生，而且在空间上也扩展到了全社会，在这种情况下，社会的教育作用显得尤为重要。加大宣传，提高大学生对生命价值的认知，在现实生活中，有许多学生认为生命是属于自己的，如何处置自己的生命是自己的事情。从某种角度上讲，这也没有什么不对的地方，但如果把"生命意识"同维护国家利益、人民利益对立起来，生命的价值就显得毫无意义了。我们所说的"生命意识"必须以国家和人民的利益为前提，国家和人民的利益高于一切，这是我们一贯倡导的伟大精神，也是当今的时代精神，社会要大力弘扬这种以"生命"为代价来保护国家和人民利益的精神。

政府应倡导所有人关注生命教育。针对生命教育问题，社会应该不贩卖焦虑，不强调比较，引导大众关注自我教育与内驱力提升，传播正确的生死观与价值观，传播逃生急救等常识，普及法律常识，传递正能量，树立社会主义核心价值观。

第二节　大学生心理危机干预

一、大学生心理危机概述

（一）大学生心理危机概况

心理危机主要是指学生出现心态失调、精神失常以及一系列心理矛盾激增等心理障碍问题。通常而言，个体与环境始终处于相对均衡的动态发展状态下，一旦此种平衡状态被打破，就会导致个体受环境因素影响而产生焦虑情绪、紧张情绪、抑郁心理等消极心态。

心理危机干预，顾名思义就是针对出现心理危机症状的学生采取干预措施，进行适当的心理援助。大学生进入大学后心理逐渐趋于成熟，心理环境转变是产生心理危机的主观因素。与此同时，家庭心理教育、学校心理教育、社会心理教育机制与教育资源存在一定的滞后性，是大学生产生心理危机问题的客观因素。由大学生心理危机所引发的事件层出不穷，因此，高等院校应当积极构建完善的学生心理危机预防体系与心理危机干预体系。

（二）大学生心理危机特点分析

目前我国大学生所面临的心理健康威胁主要来源于日常学习、交友、求职、恋爱以及日常生活等方面，结合大学生的年龄特征展开分析，心理危机主要呈现以下特点：

首先，具备一定的突发性特点，心理危机会随着大学生的心理变化而发生不同程度转变。因此，即便高校教师明确学生心理危机发生原因，也难以开展一系列心理干预与心理危机控制工作。

其次，学生产生心理危机的因素较多，同时会受到主观因素以及一系列心理活动的影响，这也使得不同类型的学生在面临心理危机时，会产生截然不同的反应与心理活动。

再次，受到学生心理危机严重程度以及学生自我调节能力影响，心理危机所带来的后果不尽相同，轻则影响学生学习信心与学习兴趣，重则危及学生生命。不仅如此，在心理危机出现后，演变情况以及未来发展方向都由学生心理状况决定，这也变相加大了心理危机干预工作的难度。

最后，大学生所产生的心理危机在形成与发展环节具备多方面特征，需要高等院校及时发现并且做好一系列预防工作。然而，由于大学生之间个体差异性较大，要结合学生的个性化需求与多元化需求，科学选择干预方式，因此解决措施也具备多样性特征。除此之外，心理危机不仅会对大学生身心健康带来影响，而且会影响到周围人群的日常生活与心理健康状况，严重时甚至会对周围人群产生心理障碍，因此需要高校教育工作者对此保持高度重视。

（三）大学生心理危机的类型

导致大学生的心理危机的原因很多，可能是由学习问题、人际关系问题、家庭问题、就业问题及日常生活事件等问题引起。根据危机的来源，可将大学生心理危机分为三种类型：发展危机、情境危机和生存危机。

1.发展危机

发展危机（Developmental crisis）是指学生在成长和学习的过程中，对于突发性的事件所产生的一些异常反应，这是学生心理危机中的重要组成部分。每一次发展性危机的解决都标志着学生逐渐走向成熟，但是在面对这些突发情况时，如果没有提出有效的解决措施，会使学生的心理问题在短时间内持续性地朝严重的方向发展，很容易让学生出现一些非常消极的行为，比如人际关系的冲突和情绪方面的波动，或入学和毕业引起的情绪焦虑和身体不适。发展危机是成长所必须面临的，也是可以预测的，它存在于个体生命发展的各个阶段。如果大学生能够积极面对变化并做出调整，他们将有效地解决危机。然而，如果个体缺乏应对危机的经验和对挫折的容忍力，缺乏自信，那么发展危机将对他产生严重影响。

2.情境危机

情境危机（Situational crisis）是指一些突发情况，它对于学生的心理危机来说具有无法预料和难以控制的特征。一些地区及其周边的自然灾害也会给学生带来较大的心理影响，这种危机具有随机性和突发性特征，往往会给学生内心带来较大的心灵创伤。一些突发事件的发生甚至会给学生带来无法承受的感觉，很容易导致学生做出一些过激行为。例如自然灾害、交通事故、战争、恐怖事件、大规模疫情引发等的大学生心理危机就是情境危机。这类危机是突然的、强烈的、灾难性的，可能对个人或群体产生巨大的心理影响，需要进行及时和有效的干预。

3.生存危机

生存危机（Existential crisis）是指学生在日常学习和生活的过程中面对人生中非常重要的事件所产生的紧张和焦虑的问题。比如人生目标和人生未来发展规划等，这些都是现实存在的心理危机不仅会影响学生心理健康水平的提高，还会给学生今后的发展带来诸多影响。

（四）大学生心理危机的表现

大学生心理危机一般表现在行为、情绪、认知及生理四个方面。

1.行为表现

可以通过观察"当事学生"的举止和反应，来分析其是否存在潜在危机相关的行为。如，当事学生能否正常与人沟通，行为是否与其身份相符，能否保持正常的学习和生活状态，是否表现出他人难以理解的言行举止，是否有自残或威胁周围人群。

2.情绪状态

情绪状态是指通过对"当事学生"的情绪观察来分析其心理和生理状态。可以通过以下情绪状态来观察大学生是否存在潜在心理危机，如当事学生的总体情绪，个体的情绪是否稳定、是否存在消极情绪、是否受本人控制、是否同环境相符等。

3.认知状态

认知状态是指通过分析"当事学生"的注意力、记忆力和分析能力及对待问题的看法来评估其是否存在潜在危机。如，当事学生的注意力、记忆力和分析能力是否处于正常水平，其认知范围是否过于狭窄，等等。

4.生理状态

生理状态是指当事学生出现在一些与心理危机相关的、可被观察到的生理方面的表现。如当事学生的睡眠状况、饮食状况是否正常，是否存在酗酒、吸烟等借助其他物质来消磨意志的表现，是否有身体不适或生活节奏明显改变的现象，等等。

（五）大学生心理危机形成的原因

1.个体面临的危机源

危机源即心理危机的来源，是导致心理危机发生的关键因素。危机源通常是个体在短时间内无法用惯用手段应对的挫折和遭遇。生活事件是重要的危机源。从个体的角度来看，大学生心理危机有以下几种类型：一是个体遇到了重大生活挫折，确实超过了个体的承受能力；二是个体遇到了一些挫折，主观认为问题无法解决，难以承受，但事实并非如此；三是个体想象即将到来的或者根本就不会到来的事件会出现严重的后果，超过个体承受能力，但事实并非如此；四是危机的发生并不是由于应激或突发事件，而是由于个体本身存在严重的躯体疾病或心理疾病。第一种情况比较明显，他人能及时地关注到这一信息并能给予及时的帮助和支持，而第二、三种情况就比较隐蔽，他人无法及时发现，存在着一定的危险性。第四种情况与危机发生的关联性较大，研究表明，严重躯体障碍和精神障碍是产生危机的主要危险因素。

2.个体的危机承受能力

大多数人认为引发大学生心理危机的根源就是压力事件。但事实并非如此，如现实中一对父母离婚，多数人认为"父母离婚"这件事对于孩子来说属于压力事件。然而不同的孩子面对父母离婚看法不尽相同，有孩子认为父母离婚是因为彼此性格不合，是为了去寻找更适合自己的生活，对双方来说是件好事，那么父母离婚这件事对孩子就不会有太多的负面影响。有孩子则认为一旦父母离婚，从此自己就失去了家，成为没人疼没人爱的孩子，感到整个天都塌了下来，对这类孩子来说，父母离婚就成了事实上的压力源。还有的孩子认为父母都是成人，他们有权利选择自己的感情和生活，离婚是父母的权利，对自己的影响不大。同样的压力事件，都是父母离婚，但不同的个体看法截然不同，因此产生的情绪和行为也必定不同。因此可以说危机事件并非直接产生危机，个体对危机事件的认知和看法才是危机是否产生的核心因素。大学生正处于生理逐渐成熟但心理尚未成熟的人生发展特殊阶段，这一阶段，他们会遇到许多相对于他们来说具有重要挑战的问题。所以压力事件是否转变为心理危机的根源，还是取决于个体对压力事件的看法。

3.个体拥有的社会支持

研究表明，在相同的社会压力情境下，社会支持率高的个体，其心理承受能力也高，反之亦然。社会支持是一个人的可用社会资源，若一个人的社会支持多元化，个体解决问题的可能性就大大提高，就可以规避危机的发生。可以说，社会支持是大学生心理健康的重要保护因素。社会支持有以下三种类型，第一类是客观支持，即实实在在的支持，比如人力、物质、经济等。如大学生在校期间遇到经济压力，国家、社会和学校可为其提供多元化资助方式，通过"奖、助、贷"及其他社会助学金的大学生资助政策，提供校内外的勤工俭学岗位，帮助其顺利完成学业，是解决大学生成长成才的重要保障。第二类是信息支持，包括有效信息传递、社会关系网络的存在和参与等。如大学生在面临就业困难时，学校、政府、社会等应当为其提供及时、客观、专业的就业信息，指导大学生树立科学择业理念和正确择业态度，帮助大学生理性认识就业现状，科学应对就业。第三类是主观支持，具体包括家庭支持、学校支持、同伴支持和其他支持。家庭是影响个体心理发展十分重要的社会支持系统，良好的家庭支持可以给家庭成员更多的力量，能够支持个体在日后能有效地应对危机事件。学校是除家庭以外对个体影响最大的支持系统，学校支持包括师生关系、校风、班风、学习氛围等。大学时期是个体生理、心理发展变化的关键阶段，他们渴望独立又渴望友情，这一阶段，同伴支持是满足社交需要、获得社会支持和安全感的主要来源，其重要性甚至超越家庭支持。个体的发展离不开社会环境，个体与其周围环境发生着密切的关系。当重大危机降临在个体身上时，及时地获得来自亲朋好友的倾听、理解、支持和鼓励，有助于个体情绪平静，有助于个体理性地分析问题、解决问题、增强抗挫折能力。支持一个人的元素越多元化，人的心理就越健康。

二、大学生心理危机干预存在的问题

（一）专业的心理危机干预人才匮乏

目前，高校基本均具备心理危机干预小组，成员包括学校领导、学生处或心理中心负责人、学校医院负责人、二级学院学生工作负责人、心理教师和辅导员等。但心理危机干预队伍人员主要依靠经验开展工作，多数不具备心理危机专业资质，专业水平良莠不齐，心理危机干预队伍专业水平总体不高，导致高校心理危机干预专业性不足，效果欠佳。

（二）心理危机干预知识宣传普及不够

近年来，高校重视心理危机干预工作，以线上、线下形式开展多种心理危机知识宣传，但是在对某大学生心理危机干预知识调研中发现，了解心理危机相关知识和技能的学生不足 54%，学生心理危机知识显著不足。学校师生和社会公众普遍缺乏对于心理健康的正确认识，很多学生对于心理疾病的认识存在一定误区，认为产生心理问题、患有心理疾病就是羞耻的。甚至很多学生已经出现了严重的心理疾病或精神疾病，却因为强烈的病耻感而不愿意及时进行专业诊疗，耽误了病情，导致心理危机事件的发生。

（三）心理危机干预资源分布不均衡

心理危机干预是一项需要团队作业的专业化工作。目前，全国许多高校都缺乏一支专业能力足够的心理危机干预团队。我国高校数量众多，不同高校之间心理危机干预资源分布不均衡，无论是心理危机干预的及时性，还是专业性，甚至数量上，都无法满足危机事件的实际需求。

（四）心理危机干预机制不完善

我国心理危机干预工作经过多年发展，逐步探索建立起心理危机干预全程、全员、协同和立体干预机制，但是仍存在注重消极干预、后期干预和单一干预的问题，重视对已发生危机群体的干预，且以辅导员、心理教师和专科医生参与为主，未建立积极干预、前期干预和协调干预的完善机制，即对全体学生在出现心理问题前开展主动的预防性干预，发生问题能够调动多方资源主动参与。消极、后期和单一干预造成危机干预工作存在被动、滞后和资源不足等问题，不能促进和保障大学生健康成长。

三、大学生心理危机干预体系的构建

心理危机干预体系能够有效应对心理危机的发生，降低出现心理危机学生伤害本人、他人和社会的风险，减少心理危机事件对校园所产生的不良影响，在学生心理危机防治方面起着重要作用。高校应建立起心理危机干预体系，为危机干预工作提供有力的保障，一旦有危机事件发生，应确保各部门能够迅速响应，并本着"团队协作，快速响应"的原则，协同开展危机干预工作，切实保障学生的生命健康安全。

（一）划分学生的心理危机等级

高校在应对心理危机事件时，应根据学生心理危机的具体情况和严重程度，划分学生的心理危机等级，完善心理危机评估体系。学校各职能部门要参照评估风险等级采取对应的干预措施（表3-2-1），确保能够"对症下药"，使危机干预工作行之有效。

表3-2-1 学生心理危机预警分级及学校干预措施

预警级别	学生具体表现	学校干预措施
一级预警	学生正经历较严重的心理问题困扰，存在潜在自杀风险	学工处、导师和学院辅导员将该生纳入重点关注名单，持续保持关注，向学校心理咨询中心动态反映该生近况
二级预警	学生存在比较模糊的自杀想法和计划，存在一定自杀风险，但尚未付诸行动	导师、学院辅导员与学生沟通，建议学生尽早就医，必要时与学生家长进行联系
三级预警	学生存在明确的自杀想法和具体的自杀计划，存在即时风险	启动危机干预协同工作小组，学院辅导员、班主任或学生实行24小时陪护，通知家长抵校履行监护义务，联系安排学生就医
四级预警	学生已经尝试实施具有严重伤害性或致死性的自杀行为	启动危机干预协同工作小组，两名以上学院辅导员或班主任实行24小时陪护，通知家长抵校履行监护义务，联系安排学生就医，必要时请校卫队协助

（二）建立心理危机干预的四级网络

为有效应对心理危机事件的发生，高校应设立心理危机干预协同小组，制定心理危机干预工作预案；各部门之间应整合资源，优势互补，优化工作方法，提高工作效率，做到机动灵活、快速反应，确保干预流程专业化和科学化。因此，要建立"学校—学院—班级—寝室"四级危机干预网络，层层联动，实现心理危机工作网格化。四级心理网络包含学校心理咨询与教育中心、学院二级辅导站、班级和宿舍四个层级。高校心理健康教育四级网络中的一级网络，是整个网络的支柱，由具有心理学专业背景教师负责并开展工作，在整个心理预警工作中起着全局性的作用。学院二级心理辅导站是各级正常运作的纽带，并为三级网络班级和四级网络宿舍起着协调和依托的作用。高校心理四级网络机制建立与完善，有助于进行多层次、多角度的大学生心理健康教育，对大学生的心理问题预警、心理危机干预以及大学生的自我成长具有重要作用，是大学生心理危机识别与应对顺利实施的基石。新时期对于高校专业人才的培养提出了新的要求，需要高校学生管理的模式随之改变和创新。完善四级心理网络能够使学校心理健康教育工作真正做到全覆盖，促使心理网络各层级能够积极联动，为心理危机干预提供了机制保障。在今后的心理危机工作中可以将四级心理网络进一步细化，将网络层级延伸到个人管理层级，探索并建立心理五级网络的工作机制，以期更好地做好预防心理危机和危机应对工作。

（三）完善"家—校"协同机制的心理危机工作模式

高校心理危机干预目前以学校为主体，主要依靠辅导员或者心理教师开展，辅导员和心理教师要具备一定的专业技能，在心理危机的评估和指导中具有一定的优势，但是如果只依靠一股力量，容易给干预者造成单枪匹马、被干预者造成孤立无援的感觉，影响干预效果。互联网技术的发展为提升家长心理危机素养提供了契机，可以利用互联网开展家长心理危机及心理素养培训，提升家长的心理危机预防和干预相关知识，将家长纳入学生心理素养保障队伍。在心理危机干预中充分发掘家庭资源，丰富心理危机咨询体系，建立畅通的"家—校"协同机制，将家长作为心理危机干预的主体之一，提升家长的责任意识。建立畅通的"家—校"协同心理危机干预机制，提升家庭对学生心理健康发展的正向功能，这样会丰富心理危机资源、扩宽心理危机工作路径、促进学生心理危机问题的解决。

（四）建立区域性校际联动的心理危机工作联盟

心理健康教育工作经过十几年的发展，仍普遍存在师资力量不足、团队水平参差不齐的问题，导致心理危机工作效果不够理想，可通过加强校际合作、资源共享的方式有效解决这一问题。学校间可通过名师工作室、专业培训、工作联盟等方式，发挥区域内优势资源高校的辐射带动作用，促进校际心理危机资源共享。区域联盟突破校际限制，为学生提供心理危机服务的便利性和选择性，同时可有效解决师资力量不足和不均衡的问题，这是心理危机工作发展趋势之一。

（五）建立心理危机干预的网络平台

随着互联网技术的发展，新媒体环境为大学生心理危机干预工作提供了完备的平台和充沛的资源。可建立"预防教育—心理测试—危机干预服务"三位一体的心理危机干预的网络平台。以问题为导向，开展定向心理危机相关知识和技能宣传及培训，同时面向学生和家长提升其心理危机知识及技能，预防心理危机事件发生。建立完善的心理测试系统，定期开展心理筛查，为学生开展自主测试服务，为学生心理危机的发现提供技术保障。组建完善的网络危机处理系统，掌握危机干预先机，开通危机干预板块，实现网络危机干预：一是建立危机处理小组，建立有专业资质和丰富经验的危机处理小组，并将小组联络方式通过网络进行宣传，为学生求助奠定基础；二是开通危机干预板块，实现网络危机干预，通过互联网的高效性和便捷性，缩短"求助—干预"开展间隔，提升危机干预成功率。网络平台服务方式更贴近学生，教育内容具有针对性，运用大数据思维实现资源整合，覆盖面更广，服务更高效和便捷，心理危机干预网络平台将成为未来心理危机干预的重要平台。

危机干预应急处理结束后，辅导员或班主任应对学生的心理健康情况保持动态关注，建立学生心理健康档案，巩固危机干预成果。要将危机干预事件的处理过程整理成文字材料，上报给危机干预协同工作小组，由小组对该事件进行复盘讨论，用于优化应急预案，总结工作经验。

四、大学生心理危机干预应对策略

（一）树立以人为本的危机干预理念

以人为本是现代教育的基本理念，也是高校心理危机干预的基本要求。以人为本的危机干预理念，强调危机干预应"立足学生、为了学生、回归学生"，以学生的想法、需要和利益为出发点和落脚点。具体实践中，要求在危机前、危机中和危机后的工作中各有侧重。危机前，坚持"预防为主，干预为辅"的原则，重在通过日常举办心理健康教育活动、开展不同主题的团体心理辅导和接待发展性心理咨询增进大学生心理健康，预防心理危机。在解决心理危机的过程中，如果学校利益和学生利益之间发生冲突，则保证学生的福祉应该是优先被考虑的因素。危机后，应着重开展危机学生及周围同学的心理健康援助，努力促进心理状态恢复至危机前的水平。

高校心理危机工作需要多部门协同参与应对，加强心理危机知识宣传科普，提高学生对危机事件的认识，重视自身身心健康。校方建立多方联动机制，完善相关制度，对相关工作人员定期进行专业培训，提升危机工作人员专业能力及个人素养，保障学校学生身心健康和生命安全，营造和谐稳定的校园环境。

（二）构建相对独立的危机干预机制

行政干预过多、专业人员独立性和自主性缺失是导致高校系统内心理工作者保密性丧失的根本原因。当前，国内高校的心理咨询机构行政隶属上大部分仍挂靠在学工系统下，构建相对独立的危机干预机制是十分必要的。当校园公共危机事件发生时，校内危机干预领导小组应迅速到位，组长第一时间部署各部门开展危机应激干预的具体工作。如有人身伤害，紧急医护救援行动最先执行，必要时请求支援，最大程度保证学生的人身安全。政教处及各年级组迅速了解危机事件发生经过，排除安全隐患，保证学生的安全不继续受到威胁，将危机实施者绳之以法或按校规处分。心理辅导中心实施心理援助，稳定危机当事人的情绪，对心理危机个体进行心理援助，必要时请求专业人员的援助。保卫处加强校内外的安全维护。设立对外发言人，将危机事件及处理方式迅速上报上级部门，并统一对家长、其他相关部门及新闻媒体公布或发言，并严格保护学生的隐私。校内进行总结，对危机事件的发生、处理、后果及未来改进之道予以讨论和改进。

（三）培养专业优良的危机干预队伍

当前大部分高校的心理危机干预都有一套相对完整的程序，一旦大学生发生心理危机事件，这个程序就会启动，但程序一般是按部就班的，具有机械化、滞后性的缺陷，而人是"活"的，所以应充分发挥参与危机干预的人，尤其是心理咨询师本身这个"工具"的主观能动性，心理危机队伍的建立可以进一步促进学校心理教育队伍的壮大，赐予同学更多心理关怀。在心理危机队伍建立期间，学校可以结合同学的具体实际状况，对心理危机队伍进展有效选拔，并且加大对心理委员队伍建立力度，给予心理危机队伍更多的心理教育和培育，提升学校心理询问和心理安康辅导工作可效性，而且以往的高校心理询问中心存在心理辅导老师短缺的问题。使得心理询问和安康教育难以更好地满足同学的心理培育和关怀。所以加强心理危机队伍建立，可以有效地对心理询问老师人数缺乏的问题进展弥补，提升心理询问工作和教育工作的有效性，最大化地发挥出心理危机队伍人员的作用和价值。其次，队伍的建立可以进一步促进同学自我管理力气的提升。进而调动同学工作主动性和热忱，并且也能在工作和关怀他人期间不断提升管理力气，关怀到更多的同学。同时，心理危机队伍也能发挥出自身的示范作用，进而推动高校形成相互关怀和相互学习的良好校内气氛，让高校在教育教学期间，培养出更多有热忱和责任心时同学。

（四）坚守专业化的危机干预方向

身处高校系统内的心理咨询师，面对难以避免的多重关系，应明确自身职责，坚守专业性，需要从以下 4 个方面努力：第一，尽可能地减少职责交叉，如采取心理咨询和危机干预分开的原则，一旦启动危机干预程序，将由独立的心理咨询师介入危机干预，原来的咨询师退出。或明确规定兼职的心理咨询师不接待本专业、本院系学生的咨询，确保与来访者保持单纯的咨访关系，不参与危机干预。第二，明确院系学生工作人员与心理咨询机构专业人员的分工，在危机干预过程中，心理咨询师只负责给出合理专业的建议，具体建议由院系去执行和操作。第三，通过自我宣传和沟通，让周围的同事、领导更全面真实地了解心理咨询、危机干预的内涵，逐渐对心理咨询和心理咨询师形成更合理的期待。第四，提升专业自信。心理咨询师通过不断提高自身的专业技能，增强周围同事、领导对咨询师的能力认同，逐渐提高坚守专业性的底气，促进心理危机干预的专业化道路。

第四章　大学生的心理健康教育

本章主要对大学生的心理健康教育进行介绍，包括四节内容，分别是第一节大学生心理健康教育的内涵、第二节大学生心理健康教育的课程建设、第三节大学生心理健康教育中辅导员工作、第四节多维视角下的大学生心理健康教育。

第一节　大学生心理健康教育的内涵

进入 21 世纪，高校学生的心理健康教育工作更需要加强对心理健康教育内涵的深化理解和运用。通过心理健康教育，培养学生健康的心理素质，坚持正面教育，开展积极心理教育，用积极的方式解读人的心理现象，以问题为核心，有效完成心理健康教育的功能，促进学生心理健康全面发展。新形势下高校要想深入开展心理健康教育工作，需要了解与学生相关的心理学理论及概念，更加明确心理健康的标准和意义，让学生掌握自我探索技能、心理调适技能与心理发展技能，拥有健康发展的自主意识，让学生充分认知自身的性格特点，客观评价自身的心理状况、行为能力，从而更好地认识自己。

一、大学生心理健康教育的主要内容

（一）构建大学生心理健康教育课程体系

心理健康教育要以课堂教学、课外教育指导为主要渠道和基本环节，形成课内与课外、教育与指导、咨询与自助紧密结合的心理健康教育教学体系。加深大学生对心理健康和心理问题方面知识的理解与掌握，在掌握一些心理问题的鉴别方法和常用的心理调适方法的同时，能够正确认识心理健康和心理问题，树立科

学的健康观。

（二）构建心理健康教育活动体系

不断丰富大学生的校园文化生活，通过开展一系列心理健康教育活动，满足大学生精神和心理需求，真正做到寓教于乐。在活动中宣传和普及大学生心理学知识，锻炼他们的意志，增强他们的心理保健意识，端正他们对心理咨询的看法，引导他们主动寻求帮助，缓解负面情绪，避免心理问题加重导致心理危机的发生，使他们保持心理健康。

（三）构建大学生心理咨询与辅导体系

重视并开展大学生心理咨询工作，通过个体咨询与团体辅导，利用语言、文字等多种媒介，对大学生的适应、学习、人际交往、恋爱等多方面进行指导、帮助、启发和教育，帮助大学生解决在学习、工作、生活等方面出现的心理问题，提升大学生心理调适能力。

（四）构建大学生成才服务体系

为大学生心理减负减压，如加强学习与考研的辅导，帮助他们进行职业生涯规划，为毕业生提供就业信息、搭建就业平台、开展就业指导等，为处于困境中的学生提供及时有效的支持，帮助其顺利渡过难关。

二、开展大学生心理健康教育的重要意义

心理健康是指具有正常的智力、积极的情绪、适度的情感、和谐的人际关系、良好的人格品质、坚强的意志和成熟的心理行为等。心理健康与一个人的成就、贡献、成才关系重大。

心理健康有利于大学生培养健康的个性心理。大学生的个性心理特征是指他们在心理上和行动中稳定地表现出来的各种特征，通常包括气质和性格两个主要方面。气质主要是指情绪反映的特征和意志反映的特征。当代大学生的心理特征普遍表现为思想活跃、善于独立思考、参与意识较强、朝气蓬勃的精神状态等等，这些有利于大学生的健康成长。

加强大学生心理健康教育工作是新形势下全面贯彻党的教育方针、实施素质教育的重要举措，是促进大学生全面发展的重要途径和手段，是高等学校德育工作的重要组成部分。心理健康是大学生健康成长的基础，是大学生适应社会的必

备素质，更是大学生成人成才的保障。因此，开展大学生心理健康教育，对于大学生具有重要意义。

（一）促进大学生成人成才

大学四年是人生成长的黄金时期，大学生会从青涩走向成熟，但是这个过程往往并不是一帆风顺的。大学生从进入大学那一刻起，就会面临很多挑战，如适应问题、学业问题、情感问题、就业问题等，其中任何一个问题处理不当，都会导致大学生产生巨大的心理压力，对其生活造成负面影响。很多大学生在一开始遇到这些问题时会感到痛苦，严重时会因长期折磨而出现焦虑、抑郁，甚至还会出现自残、自杀等情况。但是，他们并不了解自己身上出现了什么问题，为什么会出现这些问题，他们只能陷在痛苦的情绪中无法自拔，这样不仅无法实现成人成才的目标，有些大学生甚至会因此出现极端行为，毁了自己的一生。

一个人即使智力发达，如果心理不健康，也很难较好地适应社会，更难以成才。而帮助大学生解决心理困惑，促进其进行良好的自我调节恰恰是开展心理健康教育工作的根本任务。心理健康教育可以帮助大学生调整心理状态，解决心理问题，促使他们更好地认识自己，在建立正确自我认知的基础上，不断提高自身的心理承受能力，愉快而充实地度过大学生活，更好地成人成才。

（二）促进教育者与大学生进行良好沟通

高校开展教育活动时，通常采取群体教育的模式，即向班级所有学生宣传学校教育的意义。但对于已经成年的大学生，这种教育模式并不能达到明显的效果。尤其是涉及原生家庭、个人隐私等问题时，大学生会对这种自上而下的教育方式表现出反感的态度，觉得自己的自尊心受到了伤害，与教育者产生疏离感。

同其他教育方式相比，心理健康教育更强调教育者与大学生之间的平等关系，更重视在教育的过程中与学生进行良好的互动沟通。教育者会倾听大学生的心理困扰，站在大学生的角度上思考问题，进行共情。同时教育者还会运用专业的心理学知识灵活地帮助大学生分析问题、判断问题、处理问题。心理健康教育工作开展的过程，不仅可以真正给予大学生帮助，还能让大学生在情感上找到归属感，从而更愿意主动对教育者敞开心扉，进入良性循环的状态。

（三）促进大学生个人潜能的发挥

大学生心理健康教育包含的一个重要方面就是教育者熟练灵活运用各种心理

健康知识与规律，针对不同的心理困扰与心理障碍给出解决方案，并在充分了解当代大学生心理发展特点的前提下，以解决大学生心理问题为目标，培养大学生树立优良的心理素质、成熟的人格品质、和谐的人际关系及较强的社会适应性。

大学生心理健康教育充分重视不同个体的独特性与特殊性，可以更好地识别不同个体之间的差异性。尤其是心理健康教育工作中独有的心理测试，它可以帮助大学生对自己的状态进行准确评估，并对自己进行客观评价。这样就可以促进大学生在健康的前提下充分发挥自身潜能，并通过有针对性的心理调节方式来解决内心的困惑，不断发挥自身价值，激发个人潜能。

（四）促进全面推进素质教育

健全的人格、良好的心理素质是推进素质教育的题中之意，它既是素质教育组成的重要因素，也是实施素质教育的前提和基础。十年育树，百年育人。尤其是在当下科学技术迅猛发展的大背景下，表面看起来各国竞争的是科学技术，但归根到底是人才的竞争，拥有高素质高质量的人才资源，谁就掌握了主动权，"科教兴国"战略的实施需要"人才强国"战略的合作支撑。国家也越来越重视对人才的培养，然而素质教育所取得的成效的好坏与大学生心理健康水平的高低密不可分，无论什么形式的素质教育，个体心理的消化和吸收都是最关键的因素，在此基础上形成的个体心理结构支配着人的思想和行为。由此可见，国家重视大学生心理健康教育、高校开展心理健康教育皆旨在大学生能够形成、发展健全的人格。

（五）促进大学生社会化程度

大学生不可能永远待在校园里，他们终要走出校园，进入社会，而大学校园就为大学生搭起了一座通往社会的桥梁，大学生在这里除了学习科学文化知识，还要完成社会化的任务，这就更需要高校教育工作者的正确引导和教育，而心理健康教育又是其中较为有效的手段，不断加强、完善大学生心理健康教育，促进大学生心理素质的改善有利于其社会化程度的提升。

三、大学生心理健康教育的主要理论

（一）马克思关于人的全面发展理论

关注和解决大学生心理问题是建立在马克思关于人的全面发展的理论基础之

上的。通过对人的需求与全面发展的关系的分析，马克思指出，实现人的全面发展的最大动力是人的需要，人的需求不断得到满足，新的需求也在不断增加，需求不断被满足的过程就是人不断实现自身发展的过程。人的全面发展理论是在综合分析影响人全面发展的因素的基础上形成的，人的全面发展是由人的本质决定的，包括人的个性、个人素质、潜能、需要、社会关系等方面的自由和全面发展。实现人的全面发展，需要人的主体意识和能力的发展以及社会生产力的提高等主客观条件的支持，这就为实现大学生的全面发展、解决大学生的心理问题提供了理论指导。要不断提高大学生的自我认知，使他们能够从自身实际情况出发，客观认识自我、不断发展和超越自我。要不断提高大学生的政治素质、思想道德素质和身心素质，尤其要关注大学生心理发展状况和现实的需求，为他们形成良好的心理素质、更好地接受思想政治教育提供条件。要关注大学生的信念、动机、性格、意志等心理素质，促进他们身心的全面健康发展。

（二）马斯洛的需要层次理论

美国心理学家马斯洛（A.H.Maslow）在 1968 年提出需要层次理论[1]，在一定程度上反映了人类行为和心理活动的共同规律。马斯洛从人的需要出发探索人的激励和研究人的行为，抓住了问题的关键，指出了人的需要是由低级向高级不断发展的，这一趋势基本上符合需要发展规律的。因此，需要层次理论对企业管理者如何有效地调动人的积极性有启发作用。但是，马斯洛是离开社会条件、离开人的历史发展以及人的社会实践来考察人的需要及其结构的。其理论基础是存在主义的人本主义学说，即人的本质是超越社会历史的、抽象的"自然人"，由此得出的一些观点就难以适和其他国家的情况。人的五种基本需要在一般人身上往往是无意识的。对于个体来说，无意识的动机比有意识的动机更重要。对于有丰富经验的人，通过适当的技巧，可以把无意识的需要转变为有意识的需要。马斯洛还认为：在人自我实现的创造性过程中，产生出一种所谓的"高峰体验"的情感，这个时候是人处于最激荡人心的时刻，是人的存在的最高、最完美、最和谐的状态，这时的人具有一种欣喜若狂、如醉如痴、销魂的感觉。

（三）罗杰斯的人本主义理论

罗杰斯（Carl Ransom Rogers）的人本主义理论认为，人的本性是积极向上的，积极向上的动力来自于自身的许多不同层次的需求，人在不断满足需求的过程中

---

① 亚伯拉罕·马斯洛.动机与人格[M].南京：江苏人民出版社，2021.

"实现自我"，因此教育目标应该与个体的需要相一致①。罗杰斯认为当今世界是一个快速变化、充满矛盾和危机四伏的世界，人要适应这种变化，只有学会如何学习和如何适应变化的人，只有意识到没有任何可靠知识唯有寻求知识的过程才可靠的人，才是有教养的人。罗杰斯还认为，教育就是要培养健全的人格，要为受教育者提供一个积极的成长环境，因此要为大学生心理问题的解决创造良好的环境氛围，学校、社会、家庭、社区协同配合，多方联动共同作用，为学生提供良好的心理成长环境。要培养学生良好的自我认知，加强大学生的自我教育和自我心理调适，发挥大学生的自我心理潜能，促进大学生整体心理水平的提高。

（四）贝克的认知理论

美国临床心理学家爱利斯（Albert Ellis）和精神医学博士贝克（Beck）是认知主义理论的杰出代表，他们提出了 S–C–R 公式，认为在刺激 S 和反应 R 之间存在着意识、经验等因素，称之为 C。认知理论认为，人们做出的各种行为是由自身对刺激的认知反映出来的。如果人对事件、情境或行为的认知中存在不合理或者错误的成分，就有可能产生不良情绪或不良心理状态，要消除不良情绪或不良心理状态，就要改变不合理的认知②。因此，在分析大学生心理问题成因的过程中，要充分考虑这部分学生自身存在的问题，有针对性提出解决措施。很多大学生缺乏对自我和民办教育的正确认知，在心理问题的鉴别和认识上还存在很多误区，且很多大学生在产生心理问题后不能及时有效进行自我疏导和自我调适，导致了心理问题的产生。在认知理论的指导下，要加强大学生通过自身解决各种心理问题的能力，如客观认识自我、积极悦纳自我、掌握自我调适方法和进行积极的自我教育等。

第二节　大学生心理健康教育的课程建设

一、大学生心理健康教育课程的基本内容

大学生心理健康教育课程内容的内涵现今使用较多的大学生心理健康教育课

---

① 卡尔·罗杰斯.论人的成长 [M].北京/西安：世界图书出版公司，2019.
② 贝克.认知疗法基础与应用 [M].北京：中国轻工业出版社，2013.

程教材，课程主题主要包括心理与健康、学习心理、心理适应、自我探索、人格解密、情绪调节、人际关系、恋爱与性、生涯规划、生命教育、压力管理、危机应对、团队合作、网络心理等，围绕课程教学目标深度理解主题之间的关系，有助于引导学生正确认知课程的意义，也有助于指导教师备课、授课。

（一）处理个人与自己的关系

大学生心理健康教育课程的目标之一是培养学生良好的心理素养，学会心理调适的技能，做到助人自助。首先对于自身的心理健康状况要有一个清晰的认知，了解心理健康的基本知识和标准，用科学的方法自我评估自身心理健康水平，在生活中自我调节一些困惑、烦恼等，然后能够引导和帮助身边的同学做到自我调节、心理自助。"心理与健康"引导学生转变传统认知，重新界定健康的定义，理解心理健康的内涵；"自我探索"深度理解自我、定位自我，发现以往未被察觉到的部分；"人格解密"厘清生命中各个阶段的重要时刻，理解个性化的一面和性格迥异的缘由；"情绪管理"时刻影响着我们的言行，是成长的重要支点；"生涯规划"帮助学生定位大学目标、人生目标，找到人生发展的方向；"压力管理""危机应对"是人生的必修课，教会学生直面困境，提升逆商。从这些章节主题涵盖的内容来看，侧重于围绕个体展开心理健康的教育、心理自助力的提升，了解自己、认识自己，从认知思维、情绪情感、言语行为层面引导学生体验、反思，学会处理好自己与自己的关系，与内心的冲突和解，与内心的伤痛告别，与内心的自我拥抱，重新接纳自己。

（二）处理个人与他人的关系

高校开设大学生心理教育课程的目标是培养培养大学生的人际沟通能力和环境适应能力，从而使学生在进入社会后能够在最短时间内适应社会且探索出最适合自身发展的生活状态。一个人成长过程就是与周围人交流沟通、打交道的过程，个体是无法离开周围的环境而孤立存在的。在对大学生进行心理健康教育时，要引导学生意识到环境的重要性，侧重培养学生生存和生活的各项技能，进而为学生踏入社会做好心理准备。心理健康教育包括以下几方面的内容："心理适应""人际关系""网络心理""恋爱与性""生命教育""团队合作"等。"心理适应"引导学生快速适应大学生活，主动融入环境，从心理上接纳新环境；"学习心理"聚焦大学学习的特点分析，拓宽大学学习的视野，抬起头来观望四周；"人际关系"教会学生成熟的为人处世之道，提升交流沟通能力；"网络心理"是在虚拟世界的人际交往状态，具有隐秘性，需要正确引导；"恋爱与性"涉及学生在大学期间的各类恋爱状况，如何选择爱、表达爱、拒绝爱、经营爱都需要学习，理性对待恋爱的亲密程度；"生命教育"引导学生理解生命，珍视生命；"团队合作"注重发展团队合力，学会小组内的相互配合，共同挑战困境任务。

二、大学生心理健康教育课程建设的要求

（一）与时俱进，紧跟时代步伐

2011年5月教育部办公厅印发的《普通高等学校学生心理健康教育课程教学基本要求》，从知识、技能和自我认知三个层面规定了课程目标。根据《纲要》的指导思想，心理健康教育课程应当"引导学生正确认识义和利、群和己、成和败、得和失，培育学生自尊自信、理性平和、积极向上的健康心态，促进学生心理健康素质与思想道德素质、科学文化素质协调发展"。课程建设要以新时代中国特色社会主义高等教育理论为指导，以全人教育为理念，将大学生个人心理活动和国家发展与社会运行相联结，养成学生客观、辩证、全面地思考与处理个人与他人、与社会关系的心理素质，帮助学生掌握心理保健与危机预防的知识与技能，培养学生乐观、向上的心理品质。[①] 很多高校依据文件的指示，结合自己的实际情况各有侧重地开展教学活动，但课程往往囿于心理学的知识和技能，与我国的实际、社会发展的结合不够紧密，缺乏对新时代教书育人工作的深刻理解，也缺乏"坚持育心与育德相统一"的有效措施。

（二）内容丰富，形式多样

大学生心理健康教育课程的内容、性质与对象存在多质化的特点，授课对象往往是不同年级、不同专业、不同心理背景的大学生，他们存有不同的心理需求，也会要求心理健康教育课程提供不同的内容体系、不同的呈现方式。当前，有的高校不足够重视心理健康教育，对大学生的心理健康教育缺乏科学的认知，认为心理健康教育与思想政治教育目标是一样的，便将二者合并在一起，甚至有的学校开设了思想政治课程就不开设心理健康教育课程了。有的高校虽然设置了心理健康教育课程，但是很多教师照本宣科，没有结合学生的实际情况进行教学，难以激发大学生的兴趣，导致学生心理健康教育课程效果低下。还有的高校面向大

---

① 教思政厅 [2011]5号教育部办公厅关于印发《普通高等学校学生心理健康教育课程教学基本要求》的通知 [EB/OL]（2019-06-03）[2022-9-17].http://xlzx.inmc.edu.cn/.

学生的心理健康教育课程内容仅按照基础理论的框架，从定义、概念到观点、理念等进行课堂教学，大多以课堂讲授为主，再加上大班集体授课形式，极易造成一种内容僵固、流于形式、难以深入的局面。课程的很多内容无法有效地传递给学生，遑论他们的应用技能与体验领悟了。可见，为了更好地满足学生对心理健康知识、技能等学习的需要，提升心理健康教育课程的效果，未来大学生心理健康课程建设需要着力关注与解决课程设置的合理性以及课程内容与形式丰富化的问题。

（三）师资队伍专业化发展

按照《纲要》规定，大学生心理健康教育课程是需要面向所有大学生开展教学活动。所以，课程的教学范围广、工作量大、任务重。对心理健康教育课程理想的师资条件应当是不仅需要具备扎实的心理健康理论知识、丰富的教学设计与组织经验，而且还要能够结合学生实际情况，为学生心理健康提供个性化的心理咨询服务，并能将具有典型性、代表性的咨询问题融入课堂教学中，教学生懂得如何结合自身的情况，运用知识与方法，化解学业、情感、人际与生活中的困扰。这对教师素质匹配提出了较高的要求：具备心理专业知识背景，如普通心理学、发展心理学、社会心理学、人格心理学、咨询心理学、心理测量等学科知识，以支撑教师完成必要的课程内容设计与课程活动组织；具备心理咨询实践经验，能够理解、尊重大学生心理健康教育规律，把心理咨询相关理念、技术与课堂教学相融合，使情感体验、行为训练落到实处；具备较高水平的教学能力，能够精选教学主题、优选教学素材，高效组织课堂教学、优化教学效果；具备一定的移动技术运用能力，可以满足新媒体时代大学生对网络学习的要求，师生共创教学形式与方法，通过恰当、灵活地使用移动技术，增进师生互动、生生互动，提高学生参与度，提升教学效果。这些要求"非长期的、系统的、专业的培训不能实现"。实事求是地讲，现实教学中能达到特定素质匹配的教师占比很少。目前，高校从事心理健康教育教学的教师大多是辅导员、德育工作者或者其他管理人员，专业的心理学教师占比不高，专职从事心理健康教育的教师也比较少，无法满足学生课外个性化的心理咨询需要。

三、大学生心理健康教育课程建设存在的问题

2018 年，中共教育部党组印发了《高等学校学生心理健康教育指导纲要》（教党〔2018〕41 号），要求推进知识教育。健全心理健康教育课程体系，大学生心

理健康教育课程设置为 2 个学分、32 ~ 36 个学时；建设适合于当下大学生心理需要的教材，开发线上心理健康教育课；改进教育教学方法，提高课堂教学效果，不断提升教学质量 [1]。

（一）高校对心理健康教育课程建设的重视度不够

大学心理健康教育是当前学校教育的需要，是避免各种突发事件、维护社会团结稳定、学校正常运作、学生家庭幸福的预防针。德育即政治、思想、道德与心理健康教育。明确地把心理健康教育作为德育的一个重要组成部分。所谓心理健康教育是指根据心理活动规律，采用各种方法与措施来维护个体的心理健康及培养其良好的心理素质。所以，在大学中展开心理健康教育、维护正常心理、治疗变态心理，有着积极的现实意义。

有些高校只重视大学生的专业能力发展，却忽视了学生的心理健康成长，对大学生心理健康教育课程建设的支持力度严重不足。有些高校虽然开设了大学生心理健康教育课程，但是高校领导层不够重视，课程设置和课程内容都不能满足大学生的基本需要，导致这部分地区的心理健康教育发展比较迟缓。

（二）高校对心理健康教育课程的意义认识不足

尽管教育部门提出了将心理健康教育作为高校必修课程的倡议，但是仍然有部分高校存在着对心理健康课程不够重视的现象。在这些学校看来，开设心理健康课程是不必要的，由于他们对于心理教育课程的意义了解的并不透彻，导致很多教师和大学生形成了心理健康教育课程没有专业课程重要的意识。大学生心理健康教育课程不仅仅是心理健康知识的普及，帮助大学生解决心理问题，更重要的是提升大学生的心理健康素养，充分关注大学生的心理发展和成长，让每一名大学生都具有健康的身心和健全的人格。心理健康教育是思想政治教育的重要组成部分，是高校立德树人的重要一环，是培养时代新人的重要举措。

（三）心理健康教育课程定位及设置存在误区

我国高等院校大学生的心理健康教育工作自 20 世纪 80 年代开始，经过多年的实践和探索，已有了很大发展，在理论研究、教材建设、师资培训、教育活动的开展方面都取得了显著的成绩。但近几年高等教育的超常规发展对心理健康教

---

[1] 教党 [2018]41 号 中共教育部党组关于印发《高等学校学生心理健康教育指导纲要》的通知 [EB/OL]（2019-12-05）[2022-9-17].https://xlzx.inmc.edu.cn/.

育工作也带来了重大的影响。一方面，形势要求高等院校必须加强大学生的心理健康教育工作；另一方面，高等院校又面临着实施心理健康教育具体形式、手段、有效性等问题的困扰。正确认识和分析目前大学生心理健康教育工作中存在的偏差和误区，积极思考相应的对策，有助于推动高校心理健康教育工作的深入开展。

（四）心理健康教育课程内容与教学形式单一

当前我国开设的心理健康教育课内容很多已经不能适应大学生的心理发展现状，知识点比较陈旧，课程的内容主要围绕大学生的心理问题识别、常见心理问题的处理、生命教育等方面展开，侧重于大学生心理问题的解决，缺乏更重要的预防、体验、成长、调适等积极成长性的内容；心理健康教育课程多以讲授的教学形式进行，教学形式单一，大部分是照本宣科的陈述，缺少心理活动及心理实践课程，没有情境性体验，难以引起学生的兴趣与共鸣，大学生很难通过课程形成良好的心理体验及心理调适技巧。

（五）心理健康教育课程教师队伍专业素质不足

虽然现在各高校已经开始普及心理健康教育课程，但是，心理健康教育专职教师的数量确远远不能满足需要。这些教师中有一部分具有心理学背景，但还有一部分是思政教育类的老师兼任的，他们没有心理学的专业素养和技能，在进行心理健康教育过程中难免会有些偏差，教学效果无法得到保障。

甚至有些教师刻板教学，不能把握学生的心理特点，导致心理健康教育课沦为"水课"。另外，即使很多高校有专业的心理健康教师，也有心理学的相关背景，但对其继续教育重视不够。按照教育部相关要求，专职心理健康教师每年要进行40学时的专业技能培训，但是很多高校难以落实这一要求，导致心理健康专职教师的教学水平停滞不前。作为心理健康教师，其本身的人格特质也会对学生产生极大的影响，他们更需要学习、成长，健全人格，才能真正影响学生。

（六）心理健康教育课程缺乏对新媒体技术的应用

新媒体的发展改变着人们的生活，也影响着人们的道德标准及思想意识。因此需要在新媒体环境下为学生打造良好的心理素质教育模式，通过优化学生思想道德管理的体系，明确学生的发展需求，为优化及提升学生的综合素养提供稳定支持，实现教育体系的优化革新。在现阶段教育体系的创新发展中，需要将学生作为主体，通过创新大学生心理素质教育模式，为学生营造良好的学习环境，实现高校课程教育体系的稳定优化,实现新媒体环境下高校学生心理素质的综合提升。新媒体的信息传播速度相对较快,在信息发出后,可以实现信息的及时回复,为双方的互动交流及信息沟通提供有效支持。同时,新媒体环境下,其语言也呈现出便捷性的特点,出现了缩略语、数字单词的谐音等表达方式,为人们的交流提供了便捷性的服务。在网络资源日益完善的背景下,新媒体形成了新颖性的特点,例如,QQ、微信等网络社交平台的构建,为大学生提供了多样的网络语言环境及新颖的交流方式。在这种背景下,"互联网+心理课堂"新模式得以出现并得到了很好的实践和推广。它对于创新当前课堂教学模式、提升学生在教学中的主体位置、提高学生的学习兴趣等都具有积极作用。

四、大学生心理健康教育课程建设提升路径

(一)完善课程体系

首先,应当更加科学合理地构建大学生心理健康教育课程体系。大学生心理健康教育课是帮助大学生认识健康心理对成长成才的重要意义。指导大学生树立心理保健意识,认识心理活动的规律与自身个性特点,掌握心理健康知识和心理调适方法,学会化解心理困扰;指导他们处理好环境适应、学习成才、人际交往、恋爱情感、求职就业、人格发展、情绪调节和挫折应对等方面的困惑,化解心理问题,预防心理疾病和危机事件发生,促进健康成长;指导大学生树立自我意识,学会正确认识评价自己,悦纳自我,增强社会生活的适应能力、压力管理能力、学习发展能力、问题解决能力、人际交往能力、自我管理能力,科学规划自己的未来和人生。引导他们拥有乐观向上、积极进取的人生态度,学会学习,培养创造性思维,训练坚强意志,优化心理品质,培养健全人格,开发心理潜能,促进全面成才。

其次,结合大学生身心发展规律,完善大学生心理健康教育课程实践体系。大学生健康心理的培养需要理论与实践相结合,应在课程中设置一定课时的实践环节。心理健康教育课程既有心理知识的传授,心理活动的体验,还有心理调适技能的训练等,是集知识、体验和训练为体的综合课程。课程要注重理论联系实际,注重培养学生实际应用能力。课程要充分发挥师生在教学中的主动性和创造性。教师要尊重学生的主体性,充分调动学生参与的积极性,开展课堂互动活动,避免单向的理论灌输和知识传授。

（二）更新教学内容

大学生心理健康教育课程的教学内容一方面要从课程教学目标出发，另一方面要满足大学生的实际心理需求。教学目标的设置可分为知识层面目标以及技能层面目标。知识层面目标要求学生能够掌握基本的心理学知识，技能层面目标要求学生掌握自我探索技能、心理调适技能及心理发展技能等等。教学内容的设置需紧扣教学目标，根据教学目标进行合理调整。同时，教学内容也要满足大学生的心理需求。大学生处于心理变化较为激烈的阶段，心理发展尚且不够成熟，因此情绪起伏较大，也会面临诸多的心理矛盾与困惑，例如个人的学习、成长、人际交往、自我意识等方面产生的心理冲突。面对这些问题，高校应及时更新教学内容，通过实际调研，有的放矢、有侧重地开展教学工作。在安排教学内容时，可采用访谈法、问卷调查法，多渠道了解学生所面临的心理问题以及对课程的期待与需求，明确教学内容设置是否具备科学性、有效性。同时应结合学生的专业特点与年级特点，结合社会与学校热点，与时俱进，不断更新完善教学内容，将学生凝聚在课堂上，帮助学生解决实际问题，自觉维护自身的心理健康。

（三）提升授课教师专业性

当前大学生心理健康教育普遍存在着师资力量不足的局面，很多高校中从事心理健康教育工作的教师并不是本专业出身，且大多数以兼职为主；毕业于专业的心理健康教育专业，并以开展大学生心理健康教育工作作为主要工作任务的教师所占的比例很小。针对这种情况，高校应做好大学生心理健康教师的选拔和培养工作，进而提升教学队伍的专业性与稳定性。一方面高校领导要进一步提升大学生心理健康教育的重视程度，组建由校领导为领头人，以专业教师为骨干的大学生心理健康教育中心，吸引优秀的心理健康教育方面的人才加入本校。另一方面要加强师资队伍建设，对心理健康教育教师开展专业培训，如组织年轻教师与年长教师集体备课，相互学习授课经验，进而不断提高心理健康教育授课教师的专业素质与教学水平；充分发挥专职心理健康教育教师的职能；鼓励兼职教师参加专业学习，在高校有相关专业设置的前提下，积极吸收有经验、有水平的心理学专业、教育学专业教师参与教学过程，作为师资队伍的重要补充。形成一支以专职教师为骨干、结构合理、专兼结合、素质较高、人员稳定的师资队伍，保障教学效果。

（四）教学模式多元化

知识结构的形成来自直接经验与间接经验的结合。大学生心理健康教育课程是集知识传授、心理体验与行为训练为一体的公共课程。因此，应在课程中加强与学生互动，采用多元化的教学模式，将抽象的心理学知识与学生的实践体验结合起来，运用体验式教学方法，帮助学生培养认知能力、人际交往能力、自我调节能力等，切实提高心理健康水平。课程的开展可以营造轻松的氛围，通过案例分析法、角色扮演法、小组辩论、情景再现等教学方法调动学生的积极性，鼓励学生针对主要问题进行讨论、分享，形成师生之间、学生与学生之间的良好互动，打破以教师为中心的教学模式，充分调动学生去参与、去体验、去思考。同时，也可以通过心理小游戏、心理测试、心理情景剧排练等课堂活动让学生积极参与，在活动过程中感知自身的心理变化，帮助学生积极地认识自我，在获得内心体验的过程中有所感悟、有所提高。在教学手段上，可以使用智慧教室等现代媒体设备，使用录音、录像、投影等技术增强课堂的生动性与形象性。

（五）与高校心理健康教育工作相结合

高校心理健康教育课程是心理健康教育工作的主渠道，应充分利用学校教育资源，将心理健康教育课程融合在学校各项心理健康教育工作之中，提升教学效果。首先，在硬件方面，可以充分使用大学生心理健康教育中心、教师发展中心等诸多设备进行教学。例如大学生心理健康教育中心的团体辅导室、沙盘室、智能宣泄室、心理情景剧场、素质拓展基地等资源，都可以作为开展课堂实践活动的教育场所。学生通过对大学生心理健康教育中心的参观、了解、使用，能够打破思维局限，进一步认识心理咨询。同时，多样化授课形式也能够激发学生的学习动力，提升课堂体验感与获得感。其次，在课程内容安排与设置方面，应从大学生心理健康教育工作中汲取经验，获得学生最新的心理动态。例如，可以从大学生心理健康教育中心学生咨询的大数据出发，了解学生群体普遍存在的心理困惑，深入他们的学习、生活、社会活动等方面，有针对性地设置教学内容。同时，可以加强与教务处、学生处、学生社团的合作，开展心理健康教育实践活动，让学生走出书本、走出课堂，真正地贴近现实、贴近他人、融入校园，最终实现认识自我、反思自我。在实践中获得成就感，真正理解心理健康的重要意义。使心理健康教育课程与学校的心理健康教育工作同向而行，形成良好的教育合力。

五、大学生心理健康教育课程建设创新举措

（一）茶文化融入大学生心理健康教育课程

1.茶文化融入大学生心理健康教育的可行性

在很多高校开设有心理咨询室，当大学生出现心理问题时可以对之进行解决，锻炼大学生的心理素质。现如今，社会发展越来越迅速，信息繁杂，大学生很容易会产生一些心理问题。高校的心理健康教育是用来解决大学生心理的普遍问题的，对于现今的状况需要引入一些新的理念。如可以将茶文化引入心理健康教育中，茶文化是优秀的中华传统文化，它也蕴含了一些心理健康的理念。大学生心理健康教育主要有两方面的内容：一是要对大学生的心理状况进行预防，预防其出现心理问题，培养其积极健康、乐观向上的情感态度，保证其身心健康成长；二是在大学生心理出现一些问题时，要及时对其进行疏导，帮助其克服心理问题，防止其进一步加重。

茶文化是中华传统文化，也是大众层面的社会文化，它与大学生心理健康教育有一定的关联，可以从中选取部分来融入大学生心理健康教育之中。茶文化是一套完整的文化体系，包含众多形式，它的思想符合社会主义的思想教育。而且大学生心理健康教育的目标也是帮助学生建立正确的思想政治观念，因此，将茶文化融入大学生心理健康教育之中，符合社会主义核心价值观，符合现代的思想教育。茶文化自身具有独特的审美观念与思维模式，将它融入大学生心理健康教育之中，能够为心理教育带来新的活力，有助于引导大学生向着心理健康的方向发展。

在当今这个物欲横流的快节奏时代，茶文化中的传统文化思想对于大学生来说是十分珍贵的。尤其是当大学生由学校迈入社会之后，由于受到环境、就业、心理上的各种落差，内心受到创伤，更容易产生心理问题。茶文化中具有的人与自然、修身养性等思想文化能够减缓大学生们心里的创伤，给他们一剂强心剂。尽管茶文化只是一种饮品文化，但是它其中蕴含的思想却是极其深刻的，而且也十分符合现代的思想理念。它倡导人与自然和平相处，淡泊致远、修身养性，它可以净化人的思维，使人保持一个比较好的心理状态，平静人们的生活，引发思想感悟。而且茶还是一种交往的媒介，通过饮茶，人们可以互相认识、互相交流，有助于增进感情。

从心理健康教育和茶文化的功能来讲，二者都是为了培养大学生的心理健康，并且都有推动人们心理健康发展的作用，茶文化的修身养性正是大学生心理健康教育所需求的，所以将茶文化运用到心理健康教育课程改革中是完全可行的。

2.大学生心理健康教育课程与茶文化融合的策略

（1）加强茶文化中心理健康教育的理论研究

作为中国传统文化的茶文化，随着社会的发展，它进行了很多文化输出，同时其文化体系也越来越丰富。目前我国对茶文化比较重视，将茶文化融入大学生心理健康教育中，能够获得更多的教育资源，同时还可以拓宽学生视野，丰富见识。不过，由于茶文化体系十分丰富且其中内容较多，必须要选择适合的内容运用到大学生心理健康教育之中。这就需要深入研究茶文化，了解哪些不适合，哪些适合融入。

要将茶文化融入大学生心理健康教育之中，就必须明晰当前状况，了解目前大学生的心理健康需求与教育状况，同时还要了解茶文化的相关研究。只有了解问题的本质，才可以对症下药，有针对性地解决问题。在对茶文化进行研究时，首先要获得学校的支持，才可以往下进行。通过对其进行研究，了解其知识框架以及思想文化理念。在古代并没有系统化心理健康教育的出现，但是古人总体上心理健康问题出现较少，这说明中国传统文化必定与大学生心理健康教育具有一定的契合性。在当今社会，我们将中华传统文化与大学生心理健康教育相融合，能够更加迅速精准地开发出适合大学生的心理健康教育课程体系。在这个体系中，需要着重关注的就是如何打造茶文化与心理健康相互融合的环境以及如何开展茶文化基础下的心理健康教育活动等等。要时刻注意从现实实际出发，与生活现状相互联系，解决大学生心理健康教育问题。

（2）建立以茶文化为依托的大学生心理课程教育体系

茶文化是我国的优秀传统文化，具有极其丰富的思想内涵。在对大学生心理健康教育进行课程改革的过程中，将茶文化融入其中，有助于推动大学生的思想文化教育，有助于大学生心理健康教育更好地发挥。但是在将茶文化进行引入时，不能全盘引入，而是要引入其中有益于心理健康的内容，摒弃那些与心理健康教育无关的内容。茶文化中的一些丰富的茶文化故事、茶文化理念以及茶艺等内容，对于大学生的心理健康教育具有一定的积极影响，有助于其心理健康成长。而且，将茶文化融入大学生心理健康教育之中，也是课程改革的主要方向。在心理健康教育课程之中，要想充分地发挥茶文化的心理教育作用，就需要不断地丰富茶文化体系。因此，不仅要对茶文化进行理论上的研究，还需要开展相关实践活动，加深学生对其的了解认识。所以，在进行大学生心理健康教育的课程设计时，还可以增加一些茶文化的实践教学课程，增加大学生对其的认识，使其了解茶文化的理念、礼仪、操作步骤等等，改善大学生的心理健康问题。

（二）思政教育融入大学生心理健康教育课程

1.思政教育概念

大学生思政教育，从目的上看是从国家和社会的实际需要出发，引导学生在大学时期形成正面的价值观念。从内容上看，思政教育包含道德法治教育，世界观、人生观、价值观教育，党的基本理论、基本路线、基本经验教育，基本国情和形势与政策教育等多方面内容。从功能上看，思政教育具有意识形态功能和非意识形态功能。各高校主要的思想政治教育工作任务，是通过课堂上的教学和讲解来向学生传达积极的思政观念。在课堂教学的过程中，教育的内容主要是书本上的思政教育内容。教师在课堂上向学生输送思政相关的知识。思政教育知识主要的内容包括职业方面的道德、法律知识，其他相关的政治、经济内容等。针对大学生展开的思政教育工作最重要的目的，就是让学生在未来的发展和就业的过程中可以拥有较好的发展前景和越来越多的工作机会。学生在接受思政教育的过程中，逐渐形成对未来人生发展的一些合理想法；在教育的潜移默化作用中，逐渐形成积极性的人生观、价值观。

2.思政教育和心理健康教育的内在联系

从人才培养角度分析，心理健康教育和思政教育针对人才培养目标和方向的制定具有相同性，均以学生为主体，致力于学生全面综合素质的培养和提升，在实际教学中通过对学生情感、认知等方面进行不断完善，以此增强学生对社会的适应能力。心理健康教育为思政教育开展和实施做好了铺垫，思政教育的开展，有助于学生树立良好的思想价值观，对现阶段大学生心理健康起到了重要作用。由此说明心理健康教育和思政教育二者具有互为前提的关联性，为培养学生更加优秀的心理品质而服务，在二者相辅相成的关系作用下，实现有机融合，能最大限度发挥二者教育价值，从而促进学生全面发展。

3.思政教育与心理健康教育结合的必要性

当今社会发展迅速，各种变化数不胜数。而它发展变化如此迅速的原因就在于信息的传播速度和效率的加快。这给社会带来了极大的便利，人们获取信息十分快捷多元，有助于社会的快速发展。但是，任何事情都具有双面性，它也不例外。由于社会上的各种信息纷繁杂乱，当大学生在接收之时，其思想观价值观容易受到冲击，产生不利影响，不利于其身心健康发展。

相比起其他人，大学生接触互联网信息较多，因此他们也更容易受到互联网信息的冲击。少部分大学生存在一些道德缺失的问题，他们以自我为中心，缺乏责任意识和团体合作精神，追求物质享受而不注重精神追求。还有一些大学生，他们在心理上存在一些问题，这不仅会影响当前的学习和生活，还有可能会对其身心造成严重损伤。因此，学校不仅要关注学生的学习情况，还要关注学生的心理健康情况。高校要正确认识思政教育和心理健康教育，将二者结合起来，不断地进行研究，保护学生的心理健康成长。学校是教授学生知识的地方，同样也是学生健康成长的地方，它引导学生形成良好的学习习惯和行为习惯，帮助学生塑造自己的三观。随着时代的发展，高校应该适应时代发展，不断增强对大学生的思想政治建设，培养高素质人才。

4.思政教育在心理健康教育课程中开展的原则

（1）发展性原则

提高大学生心理素质、健全学生人格以及促进学生德智体美全面可持续发展，是大学生心理健康教育开展思政教育的主要目的，相较于传统心理健康教育形式，更加侧重开发学生内在潜能及人格全面发展。因此，大学生心理健康教育课程开展思政教育应遵循发展性原则，以当前学生心理发展需求为导向，最大限度开发学生潜在能力和价值，健全与完善人格的同时，为促进学生全面发展奠定基础。

（2）积极性原则

心理健康教育本质目的是增强大学生心理素质，也兼顾引导学生正确"三观"的树立，进而促进学生身心健康发展。因此，在大学生心理健康教育课程中开展思政教育应遵循积极性原则。在实际教学中，教师应发挥自身引导作用，给予学生正面引导，助力学生内在潜能自我完善，形成良好的道德品质和积极向上的生活态度，向学生传递正能量，解决影响学生身心健康发展的各种问题，为学生营造一个健康、和谐的校园环境。

（3）主体性原则

大学生是高校心理健康教育的主要对象，因此，大学生心理健康教育课程开展思政教育要遵循主体性原则，教学内容设计、教学方法运用都要侧重突出学生主体性，结合学生心理变化发展规律以及身心特点，合理设计心理健康教育活动，使其在解决学生实际思想问题的同时，帮助学生摆脱心理困扰，促进大学生良好心理素质的形成，从而实现高校开设心理健康教育课程的根本目的。

5.思政教育在大学生心理健康教育课程中的融入点

（1）以积极的、发展的态度正视心理健康教育

所谓心理健康，并不是说没有心理疾病，而是内心始终保持一种活泼的、积极的心理状态，这才是心理健康的真谛。因此，在大学生心理健康教育活动中，教师要重视学生的心理状态，引导学生思考如何正确认识自己的心理状态，如何保持自己的身心健康，如何看待心理健康与个人、社会发展的关系等等。在对大学生进行心理健康教育时，要将心理健康状态与个人道德思想观念联系起来，在这个基础上对学生进行教育。如今，社会高速发展，高校教育要想与时俱进，就必须要了解当前的政策方针，时刻注意发展动向，重点关注大学生的心理健康。

（2）全面、辩证地分析影响心理健康的因素

每个人是不同的个体，每个人的心理状态也是不同的。对于心理健康状态来说，其影响因素有多个，如家庭因素、个人性格、社会因素等等。高校要对大学生进行心理健康教育，就需要充分地认识了解大学生，知己知彼，百战不殆。只有充分了解他们，才能正确认识他们的心理状态，使他们树立正确的心理健康观念，从科学的角度全面、辩证、发展的眼光看问题，正确认识心理发展的变化规律，始终保持积极健康、乐观向上的生活态度。

（3）用唯物史观引领大学生的健康发展

随着时代发展，高校大学生逐渐受到越来越多社会不良因素的影响，有的学生出现过度的自我为中心、利己主义、享乐主义、丧心理（丧文化）等不健康的心理状态，这都不利于高校大学生心理健康教育和思政课程的有效开展。因此高校教师在帮助大学生构建心理健康意识的同时，还需加强对大学生心理状态的调控，引导大学生正确认识自我、调整自己的心理状态，用唯物史观引领大学生将心理健康状态逐渐提升到同国家荣辱与共的层面上来，学会用"四个意识""四个自信""两个维护"武装自己。这也是高校大学生心理健康教育同思政课程有效结合的重要表现。

（4）用"幸福都是奋斗出来的"理念对待人生的价值观

高校教师在开展大学生心理健康教育教学活动时，还可以将伟人、时代楷模、道德模范等榜样人物的先进事迹作为教学内容，使大学生从中汲取正能量，感受榜样人物带来的心理震撼，正确认识健康人格的内涵和价值。教师要运用"幸福

都是奋斗出来的"理念引导大学生养成正确的价值观，激励大学生做新时代的合格建设者，为中华民族的伟大复兴贡献力量。

6.思政教育在心理健康教育课程中的实践路径

（1）融入思政教育内涵，培育大学生正确价值观

在对大学生进行心理健康教育时，最好要将思政教育融入其中，否则容易对心理健康教育形成阻碍。因为，如果大学生心理健康教育中缺乏对其价值观的引导，可能会背离心理健康教育的初衷，不利于学生的心理健康成长。因此，在对大学生进行心理健康教育时，要以价值观为导向，对大学生进行思想政治教育，完善其心理健康教育的内容，充分发挥心理健康课程的价值，满足社会发展需求。在大学生心理健康教育课程中融入社会主义核心价值观，有助于增强价值观引导意识，有助于学生"三观"的形成。社会主义核心价值观中拥有许多心理教育方面的内容，能够发挥榜样作用，潜移默化地深入到学生的日常活动之中，通过进行各种实践活动来践行社会主义核心价值观。如学校可以定期组织学生参与一些献爱心的活动，进行感恩教育等，培养学生形成正确的价值观，促进其综合素质的提升。

（2）运用多元化教学方式，解决学生实际思想问题

为了确保大学生心理健康教育课程中思政教育开展的有效性，应当以学生兴趣感知点为导向，运用多元化教学方式开展思政教育，这样既能有效解决学生实际思想问题，又能将抽象化的心理健康知识、思政理论进行简化，使其充分强化学生情感共识。具体操作可参考以下几点：一是突出学生在教学中的主体地位。以科学理念为基础，遵循唯物辩证法原则，合理运用多元化教学方式，提升学生学习的自主性，并发挥学生主观能动性，在实际教学过程中，给予学生充分的关怀和信任，让学生明确意识到自身的主体性，使其更加积极配合教学活动。二是对原有教学方法进行创新。随着时代的不断发展，教学手段也在不断创新，教师在教学中尝试不同类型、不同教学效果的教学方法，不仅有利于教学效率和质量提升，也能充分满足学生个性化需求，比如在教学中运用问题式启发教学方法，根据心理健康教育课程教材内容，结合现阶段学生学习情况，创设适合学生独立分析与思考的教学情境，提出相应问题，引导学生就教师所提出的问题进行自主分析，使其在思考与探究过程中逐渐形成独立解决问题的能力。此外，为了使思政教育在大学生心理健康教育课程中开展时获得全方面支持，要加强高校与家庭的协作，在家长协调教育作用下进一步深化思政教育。

（3）利用先进教育技术，促进心理健康教育与思政教育有机融合

相较于过去，我国的教育水平已经提高了很多，而教育水平提高的一个重要原因就是信息技术的发展。在教学过程中运用先进的教育技术，有助于大学生思政教育与心理健康教育的相互融合。利用信息技术在网络上建立公众号、微博等等，与大学生们进行互动交流，发挥网络媒介的优势，有助于大学生心理健康教育与思政教育的深度融合。教师可以利用网络平台定期推送有关心理健康以及思政教育的推文、视频等等，潜移默化地让学生接受，帮助其树立正确的三观，实现各种互动交流，引起学生们的兴趣。教师还要利用信息技术建立主题教育平台，在其中附上心理健康教育和思政教育的理念内容，为学生的学习提供便利，开展一些有关的活动，关注学生心理健康状况等等。另外，一个和谐友好的校园环境也是十分重要的。学校要完善各种基础设施，开展各项活动，以学生活动为中心，促进学生的健康成长。在大学生心理健康教育过程中开展思政教育是一个长期性、不间断的过程，有助于潜移默化地影响学生。

（4）建立教学评价机制，深化思政教育

通过建立教学评价机制，集中评价与考核学生平时表现和期末考试成绩，以此来衡量思政教育在大学生心理健康教育课程中的开展与实践效果；学生平时表现包括出勤率、课堂作业完成度以及课堂表现等，期末考试则是涵盖学生对心理学知识理论掌握情况，集中考查学生基础知识掌握情况。心理健康教育作为一门具有育人育心功能的课程，应当在教学评价中融入思政元素，布置一些思政与心理结合的作业，让学生在完成作业的过程中能够切实感悟作业背后所传达的价值观和正能量，在潜移默化地教育学生的同时，通过鼓励学生相互评价，让学生及时发现自身不足，便于自我改进和完善。增强学生思想修养，从而实现开展思政教育的目的。此外，除了将思政教育融入大学生心理健康教育课程各个教学环节以外，也要兼顾立德育人任务的落实，注重对学生良好道德品质和社会适应能力的培养，健全学生人格，科学引导学生树立正确的人生价值观，遵循学生心理变化发展规律，深化思政教育内容，为学生全面发展打下坚实基础。

（5）践行师生共同发展理念，提高心理健康教育效果

心理健康教育教师的任务主要有两方面，一方面是了解学生的心理状况，促进学生的健康成长；另一方面就是要传授给学生关于心理健康方面的知识。要将思政教育融入心理健康教育课程中，并发挥其时效性，就需要做好下面这几点：首先，教师要具有一个清晰的认识，了解二者融合的重要性，提高自己的素养。同时，要确定开展的教学活动是否科学合理。其次，要将学生个人的发展与社会、

国家的发展紧紧联系在一起，助力学生日后的发展。对于不同的学生，要尊重他们的差异性，因材施教。根据学生心理发展的一般状况为之设置适合的教学内容。这样，不同的学生都能够更好地适应学习进度，快速地接收新的知识，而且也能够增强内在体验。将思政教育融入心理健康教育课程之中，教师不仅能够增强个人的综合素质，还能够全面地发展自己。

第三节　大学生心理健康教育中辅导员工作

一、心理健康教育工作中辅导员的职能

辅导员作为高校最基层的学生工作者，其主要工作要求就是围绕学生、关照学生、服务学生，指导学生的专业学习，对学生产生的思想问题答疑解惑，为学生的人生发展指明道路。

（一）传播心理健康知识

在我国古代，对于心理学并没有一个比较系统的阐述说明，直到现代，心理健康教育才逐步地发展起来。由于我国心理学发展得比较晚，直到今天，仍然有大部分民众并不清楚心理健康的具体含义，缺乏对它的正确认识。对于心理学中的一些专有名词十分陌生，甚至对于心理健康问题感到十分羞耻。因此，许多人在出现心理健康症状之时往往并不知晓它的严重性，甚至自己内心并不清楚这是一种病症，也没有向医生求助的想法。而且，从事心理方面的咨询师等水平良莠不齐，治疗费用也十分昂贵，导致一些普通家庭对治疗望而却步。其实，在大学生群体里，大部分学生是由于各种生活学习上的问题引发的一些一般性的心理问题，很少有人患有十分严重的心理障碍。当今社会物欲横流，生活节奏加快，大学生们还未完全成熟，往往承受不住过大的压力，在遇到学业、爱情、工作、人际交往等问题时很容易钻牛角尖，产生一些轻微的心理问题。对此，辅导员可以通过多种途径来对大学生们的心理进行调节，如心理健康相关课程、思想政治教育、心理健康辅导等等。通过这些活动，不仅可以调节学生们的心理状况，还能够传播心理健康知识，让学生们正确认识心理健康，还能够发挥学生干部们的积极性，锻炼他们的能力。教师组织学生干部参与心理健康的培训活动，培养他们

的能力，共同建立起大学生多级心理健康知识传播体系。

（二）摸查大学生心理健康状况

目前，大多数高校会应用计算机心理健康系列测试题目对大学生进行心理健康普查。当个别学生心理普查结果显示中、高风险时，辅导员、高校心理咨询中心可以利用测试数据对学生心理状态进行摸查和科学分析，以制定相应措施。人的心理状态是动态变化的，辅导员作为大学生心理健康状态的摸查者，不仅要通过心理测试，而且要通过与学生的长时间接触、交流来发现问题。学生在大学的不同时期面对的心理压力有所不同，比如在大一、大二期间对新环境的不适应与人际关系处理不畅可能是引起心理问题的主要原因；而在大三、大四时学业压力和就业压力有可能成为主导原因。这就要求辅导员对学生的心理状态具有敏锐的洞察力，能够及时发现学生的不良心理问题，充分利用宿舍—班级—学院—学校四级预警机制，准确掌握学生的心理动态变化，逐一访谈心理困扰较为严重的学生，建立学生个人心理动态档案，构建早发现、早汇报、早介入的学生心理危机干预体系，在事件发生前快速介入，避免事态恶化。

（三）疏导大学生心理健康问题

在学习生活的过程中，学生们会出现各种各样的心理问题，面对这种状况，辅导员要第一时间对学生进行疏导。首先，辅导员要尊重学生，态度真诚，以朋友的角色与学生进行交流，时刻倾听学生的感受和想法，与学生建立良好的关系，让学生信任自己。只有这样，学生才能够倾吐真实的话语，抒发出自己的感情。教师要理解他们，站在朋友的角度对其进行开导，缓解其心理压力，帮助其解决心理问题。其次，辅导员要了解专业的心理知识，多多学习，运用专业的心理知识对学生开展心理咨询，以专业的眼光去分析问题、解决问题，引导学生剖析自己的内心，从而找到问题的突破口，鼓励学生积极面对、突破自我，最终实现心理健康成长。当然，在遇到比较困难棘手的问题时，辅导员也不要盲目自大，要及时联系心理健康专家，通过心理健康专家的咨询来对学生进行心理干预和指导，帮助其进行心理健康治疗。

（四）干预大学生心理危机事件

心理危机是指个体在遇到突发事件或面临重大的挫折和困难，当事人自己既不能回避又无法用自己的资源和应激方式来解决时所出现的心理反应。严重的心理问题往往不是一朝一夕形成的，辅导员首先需要与学生保持密切联系，第一时间识别严重的心理个案。在自身专业能力有限，无法对学生心理健康问题进行处理时，辅导员需要及时联系学生家长，将学生转介到专业机构治疗。在发生心理危机事件时，辅导员需要第一时间到达现场，及时进行干预，将事态尽量掌握在可控范围内，降低事件的负面影响。在学生接受相关专业卫生机构治疗后，经鉴定可以返校进行学习时，辅导员可以委派宿舍长、学生干部对心理健康问题学生进行密切关注，做好心理健康档案的动态跟踪。

　　大学生的心智还不成熟，在遇到生活学习中的困难的时候，往往心理会出现一定的问题，这时就需要辅导员的帮助。辅导员要时刻将学生放在第一位，在学生遇到困难时及时给予关怀和帮助，理解和支持学生，以朋友的身份倾听他们的烦恼和问题。教师要始终保持平等的姿态去接触学生，态度真诚、情感真挚，关心学生，爱护学生，通过倾听确定他们目前遇到的问题，然后帮助他们解决问题，最终走出内心的恐惧，缓解其心理压力。在大学生心理健康教育方面，辅导员发挥着非常重要的作用。因此，辅导员一定要不断提升自己，学习各种心理健康教育方面的知识，提升自己的实际操作技能。同时，教师一定要关注每一个学生，加强对他们的了解，了解他们的基本情况以及心理健康状况等等。只有充分地了解他们，才能够做出一定的预判，掌握主动性，对于可能会出现心理状况的学生主动关怀，从而减少心理问题的发生。在面对突发性的状况时，也能够及时反应过来，积极应对。在心理健康教育过程中，要时刻以学生为主体，真正地了解学生内心的想法和需求，这样才能够更好地解决问题。在遇到一些十分棘手的问题时，辅导员要积极寻求外界帮助，主动联系更加专业的心理健康专家，同时联系学生的家长，共同安抚学生，解决好他们的问题，防患于未然。大学生们正介于不成熟与成熟的年龄阶段之间，大学阶段正是他们心理成长的关键阶段，辅导员要时刻留心他们的心理状况。在这个阶段，辅导员担当了许多重要的角色，他们既是学生心理问题的发现者，也是学生心理问题的解决者，更是学生心理问题的关注者。为了更好地承担自己的责任，辅导员就必须要不断提高自己的心理健康教育水平，这样有助于初期更好地发现学生的问题，中期解决学生的心理问题，后期跟踪关注。教师要想提高自己的心理健康教育技能，可以多多参与一些有关心理健康教育的培训。另外，要想与学生平等真诚地交流，就必须了解他们的想法，拉近彼此之间的距离。教师可以多多关注当下流行趋势，掌握最新动态，这样有助于更加了解学生，在学生心理出现问题时可以及时发现。在遇到比较困难棘手的问题时，辅导员不要逞强，应主动去联系心理方面的专家，让更加专业的人来帮助学生解决问题。在问题解决之后，教师还要多多关注学生，做好心理疏导，帮助学生认识自我、接纳自我。教师还要教导学生正确看待心理问题和正确保护自己等等。另外，在完成这些之后，还要继续对学生保持一段时间的关注，以免病情反复。当学生心理出现一些问题时，辅导员要站在朋友的角度上帮助其分析现状，解决问题，耐心倾听学生的诉求，做好沟通工作。在遇到一些危急情况时，辅导员要及时联系专业心理疏导工作者，来帮助学生解决心理问题。

二、辅导员在心理健康教育中的重要性

辅导员是学生在学校的第一负责人，不仅在学生的日常管理工作中发挥着主要作用，同时也承担着学生的思想、政治教育工作。因此，每一个辅导员都应当履职尽责，严格恪守职业道德，积极应对学生群体心理健康中的主要矛盾和困境，尤其是个别学生相对严峻的心理健康状况。与此同时，必须深刻认识到大学生的心理健康教育不仅和辅导员、任课老师相关，还和整个教育体系有关，其建设需要学生发挥主体作用，以及家长和学校心理健康咨询中心的参与。在整个体系中，除了存在亲情关系和师生关系，还存在中心和学生之间的服务关系。这些关系的相互积极作用，为专业的心理咨询师加入高校范围的心理健康教育提供了具体的实现路径。和辅导员相比，尽管这些专业的心理咨询专家和学生之间的关系相对陌生，但他们的专业学科素养是真正触碰并干预学生心理健康问题的主要凭借。因此，心理咨询专家可以在和学生的沟通中，以及在和辅导员的交流中了解问题的真正成因，从而对症下药解决学生的心理问题。在这个交流的过程中，辅导员也能够掌握部分心理健康的知识和技能，有助于其日后日常工作的展开。

（一）能够建立起与学生的沟通桥梁

在任何工作和活动的进行过程中，辅导员都可以建立导向和学生之间的密切关系。经过和学生之间相互熟悉，进一步建立沟通的渠道，能够帮助辅导员及时发现学生群体中存在的各项心理问题。在通过和学生交流发现问题线索和征兆后，辅导员可以展开深度沟通，及时帮助学生梳理问题，认清现实。

（二）能够指导学生建立人际支持网络

家长作为监护人，无论是出于对学生的人身安全考虑，还是心理健康考虑，都应当熟悉并了解孩子在学校的基本情况。让家长参与到学生和心理健康教育相关的人际支持网络中，家长能够凭借自身对孩子的充分了解为辅导员提供信息，基于

这些内容展开心理辅导工作能够提高成效。与此同时，可以在学生之间建立面对面或者网络的沟通模式与习惯。学生在平辈之间的交流中，往往会卸下所有心理负担，学生的异常行为往往是同学第一时间发现的，能够为教师和家长提供预警。

（三）能够优化大学生心理健康教育体系

在大学生心理健康教育体系中，除了专业的心理健康教育教师之外，辅导员也要担任辅助作用。在学校日常生活中，高校辅导员与学生接触时间比较长，因此，相比起专业心理教师，辅导员更了解学生的心理状况。要优化大学生心理健康教育体系，就需要做到以下几个方面。首先，要将心理健康教育常态化。高校辅导员与大学生日常生活学习接触密切，在与大学生交流时要时刻注意，运用心理健康教育知识多多关注学生，帮助学生正确认识自己，正确对待自己的学习和生活。同时还要帮助大学生明确自己生活与学习的意义，帮助其找到自身的人生价值，解决遇到的各种问题，提升大学生心理健康教育的生活化程度。其次，在大学生心理健康教育阶段，专业心理教师进行主要的心理健康教育，辅导员对其进行辅导，这就需要二者互相完善沟通机制。心理学专业教师可以通过与辅导员的日常交流沟通了解学生们的基本情况与心理状况，辅导员也可以通过和专业心理教师沟通来了解教学的内容与进度，将课上的心理学知识与学生的日常学习生活相互结合起来。最后，心理健康教育的方式有很多种，不必拘泥于形式，可以通过各种活动来激起学生们的兴趣，更好地协助心理健康教育的实行。比如，可以在班级活动或者班会中融入心理健康教育的知识，加深同学们的了解和认识，增加学生们的学习热情。

（四）能够引导大学生心理健康教育工作

相对于进入社会的成年人，大学生群体的心理结构整体仍然不是完全稳定的。他们在对待突发事件、人际关系、情感问题，甚至和自我相处等方面都不够成熟。对于这些处于心理关键时期的学生来说，辅导员应当在日常管理工作中充分尊重和重视心理健康教育理论和方式的价值，帮助学生建立相对完善的心理健康机制，能够自我控制情绪，感知事物背后的主要特征。与此同时，辅导员应当帮助学生建立正确的价值观和世界观，尤其是应当关注存在自卑心理或社交恐惧的学生，帮助他们在人生的关键节点茁壮成长，顺利度过进入社会之前的过渡期。

具体来看，辅导员可以帮助学生发现自己的闪光点和兴趣所在，树立积极的人生目标和规划，并不断保持相对健康稳定的心理状态，朝着这个目标奋斗。同时，辅导员还应当向学生充分介绍心理教育咨询机构的主要功能和服务对象，拉近学生和心理咨询机构之间的距离。此外，辅导员应当帮助学生建立心理健康问题的防线，提升学生对待自身心理问题的敏锐度，学生一旦发现自身的心理趋向不健康的状态范畴，就会及时向老师和家长求助。

三、辅导员开展大学生心理健康工作的现状

在大学生心理健康教育过程中，高校辅导员发挥着重要的作用。由于与学生日常学习生活交流比较密切，他们能够弥补心理学专业教学在实践方面的不足，更好地协助专业心理教师对学生进行心理健康教育，进而优化心理健康教育体系。尽管如此，仍有一些辅导员在心理健康教育方面存在着一些问题，如辅导员自身定位不明、缺乏与学生的沟通、工作形式过于单一等等。这些问题如果不能有效解决，就会影响到大学生心理健康教育，影响他们的健康成长。

（一）高校辅导员心理学知识储备不足

在大学生心理健康教育工作中，辅导员能够通过自身的心理健康教育的知识与实践工作经验发挥自己的辅导作用，他们对学生进行心理辅导，帮助学生解决遇到的问题。但是有一部分高校辅导员并不具备深厚的心理健康教育方面的专业知识，满足不了学生心理疏导方面的要求。首先，一部分辅导员自身并不具备深厚的心理学专业知识储备。在高校内，大学生心理健康问题的种类有很多，如果辅导员没有深厚的心理学知识，那么他们就无法判断大学生的心理健康问题的类别，更别提进行心理疏导了。因此，他们无法为学生排忧解难，无法解决他们现在遇到的问题。其次，心理咨询时间与频率安排不科学。由于部分辅导员缺乏必要的心理学知识，在对学生进行心理健康教育辅导时，安排的时间就会缺乏条理性。有些心理咨询活动的时间安排并不合理，且十分随意，这对于要调节心理问题的学生来说是一种阻碍，不利于学生心理问题的解决。最后，由于心理学方面知识储备的不足，一些高校辅导员对于学生的心理健康问题并没有做到主动发现、预防和干预。对于大学生产生的一些心理健康问题缺乏准确的认知，对其严重程度缺乏认知，不利于学生心理问题的发现与解决。

（二）高校辅导员在心理健康教育中的工作方式较为单一

首先，部分高校辅导员采用在办公室与学生谈话的方式开展大学生心理健康教育工作，而由于办公室环境与氛围较为严肃，学生在与辅导员进行交谈的过程

中经常处于被询问状态，双方没有处于平等交流的地位，学生的心扉难以打开，对于部分问题的回答有所保留，这样不仅不利于高校辅导员工作实效性的提升，同时也浪费了师生双方的时间与精力。其次，部分高校辅导员对于网络信息技术的运用有限，不仅没有在学生心理健康水平筛查过程中对学生心理状况与数据进行电子录入与登记，而且在与学生的沟通交流中鲜少运用网络信息技术，不能充分了解学生的实际情况。最后，部分高校辅导员虽然组织了相应的团辅活动，但在活动的组织、活动方案的设计以及学生的参与上都存在问题与不足，学生实际的心理健康以及情绪问题难以得到有效解决。

（三）高校辅导员在心理健康教育中的角色定位不清晰

高校辅导员作为大学生工作的一线负责人，对于学生特点与状态的了解与熟悉是其开展大学生心理健康教育工作得天独厚的优势，但部分高校辅导员对于自身的角色定位并不明确。首先，部分高校辅导员对于大学生心理健康教育在学生成长发展中的地位与作用了解不足，重视程度有限，对于学生出现的心理健康问题不能进行及时的疏导与帮助，且辅导员对待心理健康问题学生在态度与方式很可能在不经意间对学生造成更大伤害，不利于学生心理健康水平的提高。其次，部分高校辅导员未能明确自身在大学生心理健康教育工作中的优势，在对学生进行心理疏导、为学生提供心理咨询的过程中，存在模仿其他心理咨询人员及照搬心理学书籍内容的情况，不能有效地解决学生的心理健康问题。最后，部分高校辅导员未能明确界定自身与专业心理医生的工作内容与工作范围的差异，对于学生在心理健康辅导过程中出现的较为严重的心理健康问题不够重视，甚至可能出现延误病情的情况，影响大学生心理健康教育效果。

（四）高校辅导员与学生家长之间配合不足

要解决大学生心理健康教育问题，需要多个因素的参与，如心理专业教师、辅导员、学生、心理医生、家庭等等。在很多高校，辅导员进行心理健康教育时，很容易将家庭因素忽略掉，这是不应该的。首先，在对学生进行交流沟通过程中，如果缺乏对于家庭的关注，那么就可能无法明晰心理问题的缘由，无法明确学生心理问题的本质。而且不同的辅导员的心理学方面的知识与能力不同，在对学生进行交流沟通时，其使用的策略也不相同。因此，在那些知识储备不足的辅导员对学生心理问题进行处理时，对于学生的心理健康的教育质量提升十分有限。其次，由于部分辅导员没有认识到家庭因素对于学生心理状况的了解，那么学生由于原生家庭造成的心理问题就无法得到解决。最后，由于高校辅导员与家长之间并没有形成有效的沟通机制，这也会影响学生的心理健康教育的质量。如有一些辅导员可能没有及时反映给家长学生的心理状况，或者是在对学生的心理健康教育策略进行制定之时没有与家长进行沟通，那么可能会导致最终心理健康教育的效果不尽如人意。

四、高校辅导员心理健康教育能力培养路径探讨

（一）提高辅导员心理健康教育的专业化水平

长期以来，高校辅导员的主要工作职能一直是开展思想政治教育工作，该项工作与心理健康教育工作内容既有重叠，又有区别。思想政治教育要解决的是学生的思想品质、道德信仰等，而心理健康教育则要解决的是学生的心理冲突、情绪疏导、压力控制等。两者之间的交叉可能是学生在日常生活学习中出现的具体问题的体现，实际上都是长期不良刺激导致的。如果辅导员能够利用专业的心理知识开展工作，更加清晰地了解学生产生问题的根本原因，其工作成效也将事半功倍。所以，辅导员要不断学习心理学、教育学相关知识，利用高校组织的心理培训及自身考取心理咨询的相关证书提升自己的专业化水平，把心理健康教育工作落实到各个环节，提高发现学生心理健康问题的敏锐度，运用专业知识处理问题，成功开展心理健康教育活动，减少学生因心理健康问题导致的悲剧的发生。

（二）创新心理健康教育工作方式

随着各种科学技术的发展，心理健康教育的发展也要与时俱进，跟上时代的脚步。如今，互联网已经进入人们的生活中，因此，为了对大学生进行有效的心理健康教育，可以利用互联网与心理健康教育相互结合的方式。如，高校可以开发一个有关心理健康教育的小程序或者 APP，在上面设置许多与心理健康教育有关的模块，如心理知识学习、心理危机干预等，建立一个网上心理健康教育平台。教师将心理健康教育的课程上传，并设置心理测试、心理咨询等活动模块。学生可以通过这个平台在线学习心理健康教育课程，当遇到一些不清楚的问题时就可以向老师进行咨询求助。高校也可以根据学生的浏览轨迹等建立起学生大数据信息平台，对其进行个性化推送等等。线上心理咨询平台突破了时间和空间的限制，而且还可以缓解学生与老师直接面对的心理压力，有助于学生的积极求助。另外，这个线上心理咨询平台，还能够让学生随时随地进行心理健康测试，十分便利，

能够极大地满足学生们的需求。学生在进行心理健康测试之后，平台会将测试结果推送给学生，并反馈给学生心理健康的建议。如果学生的测试结果表明学生的心理健康状况比较危急，平台还可以将此学生的信息推送给教师，便于教师及时处理。在互联网基础上产生的心理健康教育平台，能够及时有效的促进大学生的心理健康成长。

另外，学校与家庭的良好沟通，是大学生心理辅导工作的重要内容。在现代社会发展迅速的背景下，互联网为学校与家庭的融合提供了新的契机。家长与学校之间的沟通渠道除了家访、家长会和电话等形式之外，网络上的家庭教育学习、交流也可以作为家庭学校沟通的新渠道。通过搭建学校以及班级的微信、QQ群，可以帮助建立一个和谐、进取的家校沟通氛围，营造文明的社会环境。

（三）明确辅导员心理健康工作角色定位

辅导员在大学生心理健康工作中要正确处理普及性、预防性、发展性的心理健康教育与针对性、应急性、排障性的心理危机干预之间的关系，明晰辅导员"教育引领为主"和"协助干预为辅"的角色定位，将工作重心向前倾斜，注重心理健康知识及实践教育，将工作重心向下沉淀，注重解决学生日常学习、生活、情感中的心理困惑，避免因日常工作的疏忽导致学生心理困惑转变为心理问题。不断完善心理健康预警机制，辅导员视角下打造一支政治过硬、思想积极、心理健康、尽职尽责的学生干部队伍，充分发挥学生干部"触角"作用，及时发现并向辅导员反馈大学生心理动态。辅导员要将谈心谈话贯穿心理健康工作全程，重点人群常常谈、普通人群普遍谈，重视谈心谈话问题反馈，识别学生心理健康问题，并按照学校心理健康预警机制完成心理健康预警工作程序。

（四）坚持育心与育德相结合

大学生心理健康规律具有特殊性，大学生正处于多种矛盾冲击时期，家庭与学校、学业与就业、网络与现实、经济与独立、社会与自我、奋斗与享乐、美与丑、善与恶间的矛盾关系会令大学生心生困惑与迷茫，辅导员要遵循大学生心理健康规律，充分认识和理解学生心理健康诉求，在日常工作中要围绕家庭情感关系、校园社交关系、网络空间意识形态、消费观念、社会主义核心价值观等主题开展专题心理健康教育。坚持心理健康教育和思想政治教育同步进行。心理健康问题是思想政治问题的表现形式，思想政治问题亦是心理健康问题的表达途径，辅导员在工作中不能机械性地区分和剥离心理健康教育和思想政治教育。辅导员在工作中要时刻注重心理健康教育和思想政治教育之间的转化，通过分析大学生心理或思想表象，厘清心理或思想问题本质，高效运用心理健康和思想政治教育手段，实现心理健康教育与思想政治教育的相辅相成。

（五）提升心理健康工作素养

要对学生进行心理健康教育，辅导员首先自身要有较强的心理素质，要有乐观向上的积极态度，热爱生活，热爱学习。辅导员要用自身的心理状况去感染大学生，引导他们积极面对生活。辅导员要正确认识自己，要了解自己的心理状况，能够调整自己的心理状况。在自身心理出现问题时，要及时与心理专业教师联系，求得他们的帮助，以避免由于自身的心理问题而无法对学生进行正确的心理干预。除了自身要具备良好的心理素质之外，高校辅导员还要主动去学习心理健康专业的知识，提升自己的心理健康素养，锻炼自己的实践能力，可以在各种培训活动中，向同行学习，向专业心理教师学习等。辅导员也可以参加与心理学有关的考试，如国家心理咨询师二级以及三级考试，对心理健康的知识理论进行一个比较系统的学习，不断锻炼自己。同时，辅导员还要紧跟时代脚步，与时俱进，关注心理健康领域的新动态、新理念、新知识等，不断丰富自己的知识储备，便于之后的心理健康教育工作。

（六）建立积极有效的社会支持系统

在高校内，辅导员要将学生的在校表现告知家长，尤其是辅导员在发现学生有一些心理问题时，要及时告知家长，与家长进行沟通交流，互相交换意见。并且，在与家长的交谈之中，辅导员也能够了解学生的原生家庭，以及学生更多的心理表现以及其心理问题出现的原因。而且，有时候一些家长没有对心理健康问题形成一定的正确认识，他们认为学生的一些心理问题不过是矫情，这是不正确的。辅导员要告知家长心理问题的重要性，帮助他们正确认识心理问题、了解心理问题，传递有关心理健康的知识等等。辅导员还可以引导家长与学生交流，创建一个好的家庭氛围，帮助学生排解压力，健康成长。在对学生进行心理健康教育的过程中，社会的支持也尤为重要。因为辅导员并不是专业的心理工作者，他们在遇到一些棘手的心理问题时，势必要去请教一些专业的心理机构或者是专业的心理教师等等，他们是辅导员心理健康教育工作中强有力的保障。另外，在心理健康工作中，辅导员还要发挥社会关爱力量，通过在场地、资金、技术等方面提供帮助，来改善工作条件，提高工作成效。

第四节　多维视角下的大学生心理健康教育

一、积极心理学视角下的大学生心理健康教育

（一）积极心理学的理论基础及必要性

1.积极心理学理论基础

近年来积极心理学在国内外被广泛关注和认可，与传统心理学不同的是，积极心理学支持积极的心态，对人潜能的发挥具有很大的促进作用。积极心理学更多关注人积极的心理品质，包括激发人的积极情绪，如美德、幸福、荣誉、勇气、潜能等，这些因素促使人在积极的心理情境中不断激发潜能，形成健康的心理状态。具体来说，积极心理学旨在对人体中的正面因素进行分析、挖掘，以激发人体潜能作为主要手段，促使学生朝着美好的方向发展。

2.改善积极心理缺失的必要性

如果大学生积极情绪缺失会让大学生减少学习的兴趣，从而影响正常的学业和今后适应社会的能力，也会直接影响其情感体验和幸福感受。在平常的生活和学习中也会表现出郁郁不欢的心理情绪，更不愿意去学习，对校园生活和自身未来职业发展等都会产生负面心理状况。倘若此环节未被受到重视，则不能让大学生养成积极心理的品格，面对所有的事情学生都会有种挫败感，直至最后不愿意再参加学校所举行的各类活动。所以学校应该从积极心理学视角去有针对性地帮助学生树立一个积极的生活态度，拥有正确的三观，面对实际困难时能够以积极向上的态度去应对，去改善自身的心理健康问题。

（二）积极心理学对心理健康教育的意义

1.有利于完善大学生心理健康教育的内容

目前，社会各界对于大学生心理健康方面问题的关注度不断提升，当前高校采取的心理健康教育主要是以消极心理学为出发点，对学生的消极心理进行及时纠正，同时对于存在较大问题的学生也会进行相关理论性的指导，以最大限度确保大学生心理朝着健康的方向发展。随着社会对大学生综合能力要求的不断提升，

高校也在传统心理健康教育的基础上不断进行探索，引入了积极心理学教育，在积极心理学视域下开展大学生心理健康教育，有利于完善大学生心理健康教育方面的内容。

2.有利于提升心理健康教育课程质量

（1）丰富课程形式，培养积极健康学生

大学生要始终保持一个积极向上的生活态度，这样才能减少心理问题的发生。大学阶段是一个很关键的阶段，它是学生们由不成熟走向成熟的标志。因此，辅导员要多多关注他们，帮助他们健康成长，在课程设置上要根据学生的实际情况合理规划设计。目前，有很多高校的大学生心理健康教育工作普遍针对的是已经具有一些心理问题的学生，而对于那些没有心理健康问题的学生关注较少，这种做法是不正确的。高校辅导员应该也要多多关注心理健康的学生，对大学生的心理健康进行引导。在课堂上，教师要从多个角度运用心理学的知识，运用各种不同的方式，像课堂游戏、心理暗示、积极教学法等，帮助学生形成积极的教学理念导向，培养学生们的积极的心理品质，促进学生健康成长。在教学过程中，潜移默化地融入积极心理学，不断增强学生们的积极情感体验，帮助其塑造乐观向上的心理态度。

（2）拓宽评价范围，收获健康乐观心态

在对学生进行心理健康教育时，面对迷茫消极的大学生，教师要采用积极心理学方法，不断挖掘学生们心中积极的一面，帮助大学生树立一个乐观积极的心态，帮助他们找到人生价值，找到自己内心的目标。因此，大学生心理健康教育的目标是使大学生能够将自己学到的东西运用到自己的学习生活之中。大学生心理健康教育考核不要过多地考核理论知识，而是要更多地考核学生的心理健康状况，对学生的自我调适与解决心理问题的能力进行考核，其中重点是考察大学生对于心理健康教育的看法感受。在评价效果时，不要过多地强调病态问题，而是要把重点放在教师如何使学生达到满意的课程的感受，如何使教育充满活力，如何使学生保持积极的心理态度方面。而且，在课程评价中要注重最后的结果，关注学生是否拥有了乐观积极的心态，是否学会正确面对生活，是否改变了一些消极看法等，以及在面对一些心理问题时，学生是否勇于面对。

（3）线上线下融合，全面提高健康水平

随着互联网技术的发展，高校校园局域网络已实现全覆盖，从互联网环境中成长起来的当代大学生们无疑是网络活动的重要参与者，这为高校开辟线上线下大学生心理健康教育提供了有力保障。面对线下大学生心理健康教育参与度不高的现象，以及学生主体意识欠缺和主观能动性不足的问题，高校应从积极心理学视角，充分利用互联网资源，补足线下心理健康教育的短板，开辟线上线下多途径教育模式，遵行线上预防、线下治疗相结合的原则，全途径确保大学生的心理健康状况水平。高校心理健康教育工作者要及时把握大学生的心理特点，尊重学生的主体意识，挖掘学生的内在动力和潜能，利用好各互联网平台资源，不断开辟网上心理咨询、测试、辅导、训练等线上活动，引导大学生在新媒体平台中融入心理交流互动的广度和深度，培养学生养成在线上做调查与咨询交流的习惯，丰富心理健康咨询的方式。开辟线上心理咨询疏导渠道，可在很大程度上帮助避免学生因为"面子问题"不好意思跟老师进行交流，让学生毫无保留地说出自己难以言表的隐私，充分表达自己的想法、感受和面临的问题，给学生带来更多安全感，以达到深度交流的目的，最终使学校客观、全面地掌握大学生的心理健康状况，制定有针对性的心理干预措施，将心理健康知识通过线上线下相融合的方式渗透到学生的日常生活中，让更多的学生接受心理健康方面的教育，为大学生心理健康状况保驾护航。

（三）积极心理学视角下心理健康教育提升路径

1.加强心理健康教育师资队伍专业化建设

在对学生进行心理健康教育时，师资力量是一个比较重要的因素。首先，根据国家心理健康教育的规定，高校应该为心理健康教育课程配备一些教师，同时还要合理安排思政教师与专业心理教师的比例，对心理健康教育的教师队伍进行调整，使它符合国家要求；其次，进行心理健康教育的工作者应该具有相应的资格证书，同时还要不断提升专业素质和能力。高校还应该鼓励心理健康教育工作者不断学习，积极参与心理健康培训活动，不断吸收新知识。如可以通过进行一些案例分析、实践课程等不断提升心理健康教育方面的实践经验。另外，高校还应该鼓励心理健康工作者进行学业深造、学术交流等，与时俱进，不断提升自己的能力。

随着时代的发展，越来越多的高校认识到了对大学生进行心理健康教育的重要性，因此，许多高校将大学生心理健康教育课程设置为必修课程。大学生心理健康教育课程有助于学生们认识自我，保障身心健康发展。但是，目前很多高校的大学生心理健康教育课程比较单调乏味，无法引起学生的兴趣，这给心理健康教育知识的传播带来了一定的难度。因此，心理健康工作者应该对教学模式适当地进行创新，在进行理论知识讲解时可以插入一些游戏、案例分析等等，吸引学生们的兴趣，增加互动。另外，高校还应该建立一套健全的心理健康教育体系，并且在其中插入积极心理学，挖掘大学生们的潜在能力，培养其积极向上的态度。

2.营造良好的校园文化环境

良好的校园文化氛围有助于陶冶学生的情操，使学生身心感到愉悦。丰富的校园文化可以促进学生全面成长，不知不觉地影响学生的思想和行为。高校应避免突发性应激事件对学生造成的不利影响，构建安全和谐的校园环境，对社会上已发生、无法回避的事件，应制定有效策略，减少对学生的身心伤害。尤其是发生影响恶劣的群体性事件时，高校心理健康工作者要及时排查，对受影响的学生做好心理疏导工作，持续追踪，以防对学生心理造成阴影。另外，高校应加强校园文化建设，提升学生的文化品位，加强班风、校风、学风建设，使学生形成集体荣誉感，激发他们的内在动力，促进他们健康成长。大学生心理健康教育活动是心理育人的重要工作，通过参与活动，可以使大学生产生积极向上的健康心态。高校应开展多种形式的心理健康教育活动，在每年的"大学生心理健康日"，以校园文化活动为载体，有意识地将积极心理学贯穿于心理健康教育活动中，给予学生积极的情感体验，例如开展心理健康主题班会、心理绘画、心理健康讲座、心理健康征文等活动，让大学生从活动中真正受益。高校还应当充分发挥新媒体的优势，开展心理健康教育工作，心理健康教育工作者可以利用微博、微信等网络社交软件，向学生实时传递心理健康知识，分享积极心理案例，传递正能量。利用新媒体也可以及时与学生进行线上交流，做好疏导，排解压力，预防心理危机。

3.以人为本，营造良好的心理氛围

高校要重视学生们的思想，这样才能够做好心理健康的教育工作。首先，在对大学生进行心理健康教育时，要了解学生，熟悉他们的现状以及心理状况，知己知彼，百战不殆，只有这样才能挖掘到他们的内在需求，因材施教。作为一个心理健康教育的工作者，要尊重学生，关爱学生，站在学生的角度去看待问题，根据学生不同的个人成长阶段，为他们解决内心的不同心理需求。如，在学生刚刚进入学校的那段时间对他们进行心理健康的普查工作，以此来了解他们的心理状况，帮助他们做好过渡工作；在大二时，要帮助学生适应集体生活，通过心理健康教育课程来改善他们的社交能力；在大三时，学生主要面对的是学业的压力

以及考研与工作的抉择，这时，教师应该帮助学生舒缓他们的情绪，排解压力，释放他们内心的情感；在大四时，学生们面对的是毕业与就业的压力，教师要指导他们平衡自己的时间，安抚好他们，指导他们完成由学生到社会人员的转变；对于一些处于特殊时期的学生，或者是在生理上存在障碍的学生，教师要多多关注他们，鼓励他们，增强他们的自信心，帮助他们克服消极的情绪，及时做好疏导工作；对于那些家庭贫困的学生，教师要及时对其进行心理疏导，鼓励他们去实现自己的人生价值。对于不同的学生，教师要采取不同的措施，因材施教，引导学生进行自我调节，改善内心的情绪，帮助他们正确客观地认识自己、接纳自己、挖掘他们的潜能，提升他们的心理素质；在大学生遇到一些困境时，鼓励学生主动去需求解决的办法，从而增强他们的自信心，实现自我成长。

（四）积极心理学视角下心理健康教育创新路径探索

1.利用案例丰富积极情感体验

比起老师的知识灌输，大学生们对现实生活中所发生的案例则更加关注，同时这些案例也能够直观地展现其中人物心理上的问题。所以老师在心理健康教育的过程中，可以将搜集来的各种具有代表性的心理案例进行讲解，适当激发大学生的学习兴趣，教会学生以一种积极的态度来面对生活。通过案件的分析让学生们能够从中学会自我分析自我调整，鼓励大学生们向同学和老师进行心理上的倾诉，从而排解他们心理上的压力，而学生对倾诉者也要有同样的心理，由此可以及时发现身边心理问题严重的人，便于在第一时间进行相对应的治疗，让学生们早日拥有积极乐观的心态。大学生还可以通过案例为以后的生活所遇到的心理问题提供借鉴，培养学生积极的人格特质，通过案例分析促进抵御心理疾病的能力，更好地解心理疾病的治愈。

2.利用兴趣培育个性化教育模式

在大学阶段，大部分学生是很迷茫的，他们不知道自己之后要干什么，不知道如何走向未来。尤其是在大学后半段，面对工作和学习，无法自己做出选择。这时候，由于过度压抑，就会出现一些心理问题。要解决这些问题，最好的途径就是从学生本人出发，了解学生，帮助学生探索兴趣爱好，使其在不断探索实践的过程中感受到职业的成功感，在意识到这些积极的心理感受时，学生就能够不断增强自己的自信心，也会更加积极地去面对。学校还应该对学生进行全方位的教育教学，学校应鼓励教师、班主任、辅导员等不断地给予学生积极的情绪，帮助他们探索兴趣爱好，激发学生们的潜能，促进学生健康成长。在对学生进行心理健康教育时，不能仅仅使用传统的教学模式，而是要与时俱进，注重学生的个性发展和主观体验，利用形式多样、内容丰富的心理健康教育模式对学生进行教育，同时还可以设计一些有意思的活动，如集体游戏、团体咨询、校外职业体验等帮助学生们进行人际交往，同时保障学生们的心理健康。

3.利用活动营造积极健康环境氛围

学校大学生心理健康教育主管部门要以营造健康的校园环境为切入点，潜移默化地培养学生形成良好的心理状态。通过优化校园环境，建设高雅的人文景观、绿植栽培、积极向上的文明标语、各类名言警句等，努力为在校学生营造良好的校园环境，使学生在充满积极乐观的文化氛围中逐渐形成积极、健康、向善的心理状态。学校心理社团还应该充分发挥学生干部的促进作用，定期对心理社团学生干部进行积极心理学专题培训，让这些虽然不是同一学院和同一专业，但价值观相似和成长经验处在同一发展时期的同龄人，在交流沟通和共同成长的氛围中，通过共同组织和参与校园形式多样的文化教育活动，去营造积极向上的校园文化气氛。如通过风筝大赛、电竞比赛、厨艺比拼、创意手工展、歌舞表演、书画作品展、演讲比赛、辩论赛和不同形式的体育锻炼等活动，去影响和带动消极悲观的学生通过参与各类校园活动拓宽视野，以开放的态度去积极吸取"正向营养"，促进自身的健康快乐地成长，促使学生在良好的氛围中收获满足感、幸福感、成就感和获得感等积极的心理体验感受，让学生从内心深处对活动产生良性的参与态度，最终促使学生在不经意间逐渐达到改善大学生心理健康教育的目的。

二、家校合作视角下大学生心理健康教育

（一）家校合作对于大学生心理健康教育工作的意义

1.有助于推进大学生心理健康教育工作

随着时代的发展，社会逐渐趋于复杂化，信息逐渐多元化，生活节奏逐渐加快，这些因素给学生们带来了一定的压力，影响着学生的心理健康。大学生的心理逐渐呈现出复杂化、多样化的特点，使心理素质变差。主要的表现是人际交往困难、自我约束力差等特点。而对于大学生的日常生活与学习来说，一个健康的心理是必要的，它是正常生活与学习的必要保障。因此，要加强对大学生的心理健康教育，以便于其健康成长。这需要学校、社会、家庭等多方面的配合，共同

推进大学生心理健康教育工作。

2.有助于增强大学生心理健康教育实效性

每一个人在一生中最先接触到的就是家庭，最先接触到的人就是父母。家庭是人生的第一个学校，父母是人生的第一个老师。因此，人们的心理状况、性格的形成等都与原生家庭有着千丝万缕的联系。而且，它也是诱发心理问题的重要根源。在家庭内，如果父母是开明的、尊重的，那么孩子必然也是积极向上的。家庭内良好的教养方式有助于培养学生自信、乐观、积极等心理品质。无论是家庭还是学校，都有一个共同的目标，就是使学生成为一个有德行、有能力的人，这是双方一致的期盼。在育人目标上，家庭与学校是一致的；在育人方式上，学校的特点是更加专业、统一、集中，而家庭教育的特点是更加灵活，有针对性，十分精细化。因此，家庭教育与学校教育应紧密相连，二者相互作用，共同影响着学生的心理健康，只有双方结合起来，才能最大程度上促进学生的心理健康成长。

3.有助于推进"三全育人"

习近平总书记在2018年全国教育大会上指出："办好教育事业，家庭、学校、政府、社会都有责任。"教育涉及千家万户，要尊重教育规律，在政府引导下探索构建全员育人机制，发挥学校、家庭、社会各自的优势，凝聚起强大育人合力①。大学生心理健康教育不是高校的单方责任，而是社会、学校、家庭三方的共同使命。构建家校合作的心理健康教育机制，使家庭参与"三全育人"，既能避免传统教育方式导致的家校之间责任分离、沟通脱节、信息不畅等问题，又能促进家校之间的情感沟通、信息共享和相互信任，减少家校纠纷，还能促使来自不同行业的家长为心理健康教育提出可行性建议，促进心理健康教育改革创新，推进"三全育人"工作开展。

（二）家校合作视角下大学生心理健康教育存在的问题

1.家庭层面的问题

家庭层面，很多家长受制于传统的教育理念，认为儿女成年之后就是独立的个体了，自己完全可以"功成身退"，儿女进入大学后怎么培养、怎么发展更多是高校的责任，却忽略了家庭终身教育对孩子优秀思想品德和心理品质养成的重要作用，在孩子进入大学之后对他们表现出的心理困惑甚至心理问题疏于关心、

---

① 张润杰，齐成龙.实现全员全程全方位育人[N].人民日报，2020-02-20（9）.

处理方式简单粗暴甚至放任不管。此外，不同家长的行业背景、价值理念、文化程度和个体素质存在差异，他们对于家校合作的认知和态度也不同，有的积极互动，有的被动配合，有的则置若罔闻。高校层面，很多管理者认为，既然家长将学生送入学校，那么学校有责任和义务承担学生教育工作，而且有足够的专业能力来胜任学生教育管理工作，认为家庭只有在学生出现特殊情况或心理危机时，才可以介入。这无形中夸大了高校教育的重要性，低估了家庭教育的重要性。学生层面，21世纪的大学生自主意识不断增强，进入大学后往往不再愿意听家长的说教，与父母的交流沟通减少。有些学生与父母关系很差，对家校合作存在一定的抵触情绪，这给家校合作的实施带来困难。

2.学校层面的问题

在对大学生进行心理健康教育工作时，学校主要采用学生心理状况普测等方式对学生的心理状况进行筛查，然后对筛查的结果进行评测。对于评测有问题的学生，就需要采用一些方式来进行心理健康教育。如心理咨询、危机干预、动态跟踪等，这些方式都是基于补救性家校合作互助的模式，要实现家庭与学校的互联，就需要及时沟通，通过微信、电话等进行一对一交流。总体来看，当前家校合作存在着不小的问题，如平台少、频率低、覆盖面小等等。由于这些问题的存在，对于心理健康教育来说，要推动家校合作和常态化和科学化，还面临着不小的阻力。

3.家校合作制度保障层面的问题

首先，随着大学生心理健康教育工作的开展，学校逐渐意识到了家校合作的重要性，因此进行了很多有关家校合作的各种研究和探索。但是，在很多方面，家校合作模式并没有一个比较完善的、系统的保障机制，使其无法发挥有效作用。其次，由于缺少相应政策法规，家校合作模式中的责任义务并没有得到明确的规范要求，缺少必要的制度保障。而且家校合作模式对于大学生心理健康教育方面的益处宣传较少，很多人并没有这个意识，缺乏关注。最后，在家校合作视角下，对大学生进行心理健康教育的主体主要是心理健康专业教师和辅导员，其他人员参与较少。辅导员与学生接触时间较长，因此，当学生出现一些心理问题时，一般情况下，辅导员能够第一时间发现，然后告知家长并进行心理干预。因此，辅导员是家长、学生与心理专业教师的纽带，可以有效地联系这三方，整合多方资源，有效解决问题。但是，仅仅依靠辅导员是不够的，其他方面的人员也要积极参与，只有互相联合起来，才能更加有效地开展工作，有益于家校互联模式的实施。

（三）家校合作视角下高校大学生心理健康教育质量提升策略

1.家庭层面的策略

（1）加强沟通。对于大学生来说，家庭是生活、学习的第一环境。和谐、温馨的家风对于大学生心理健康成长大有裨益。而如果家庭关系不睦，父母经常以争吵甚至武力的方式解决家庭矛盾，往往会为大学生做出错误的冲突解决示范。因此，在家庭生活中，父母要注重沟通，以和平的方式解决家庭问题，营造和谐的家庭家风，促进大学生心理健康发展。

（2）解读大学生行为，帮助大学生解决心理危机。

父母作为大学生最信任、最依赖的人，当发现大学生存在心理危机——如因不合理的购买意愿得不到满足而产生不良情绪时，首先需要了解大学生的购买需求，然后与大学生共同分析购买价值，并引导大学生树立正确的消费观，而不是忽略大学生的真正需求，一味施暴。

2.学校层面的策略

（1）创建温馨的物质环境。大学校园在建设、布局时，应充分尊重高校阶段大学生的身心发展规律，为大学生创设有利于心理健康发展的物质环境。如基础设施配色应以大学生喜欢的三原色为主；设置"对花墙"，为大学生提供情绪宣泄空间；随着季节变化、节日更替更换院所主题环境；等等。

（2）营造良好的心理环境。大学生心理健康的发展同样需要大学校园为其营造舒适的心理环境。大学生与教师是心理环境的两大重要主体。基于马斯洛的需求层次理论，教师应积极转变教育理念，注重与大学生的平等交流，树立科学的大学生发展观，为大学生的身心健康发展提供舒适、良好的心理环境。

（3）加强教学体系建设，实现育人育心相结合

第一，在对学生进行心理健康教育时，要发挥积极心理学的作用，向学生传输积极心理学的思想理念，对学生进行人文关怀，引导其树立一个正确的价值观。在课程家校契合点建设过程中，要始终以"育人先育心"为基本原则，从多个角度入手，引入多个模块，如心理咨询、心理素质训练、心理干预等，不断加强教学体系建设，及时解决学生的心理问题。将线上线下相互结合起来，共同对学生进行心理健康教育，开拓新的教育格局。第二，要建立健全新的教育体系，就必须要丰富教学资源。教师要明晰当下心理健康教育的热点，结合搜集到的信息以及心理健康教育教材的内容，再引入一些多元化的教学资源，建立心理健康教育

的在线课程。第三，要根据大学生的心理特点来加强教育体系的建设和内容，大学生接受新事物的能力一般比较强，也比较喜欢新鲜事物。因此，可以在体系中引入当下的热点，丰富教学资源，吸引学生的兴趣。第四，要增强课堂教学的活力，引导学生去感同身受地思考感悟，态度真诚，真情实感。第五，要加大宣传力度，让更多的学生认识和了解心理健康教育及其重要性，如校园广播、传单等。第六，高校要将校园文化融入心理健康教育体系当中，通过举办一系列活动塑造出一种高雅的育人的氛围。另外，高校还可以建立一种心理健康安全预警体系。在校内开设多种咨询通道，除当面一对一咨询之外，还有书信咨询、网络咨询、班级辅导等等，还可以开展朋友之间的互助计划、建立心理咨询档案等等，促进家校契合因子融入学科教育。

（4）树立家校合作理念

第一，明确高校教育在家校合作中的主导地位和指导作用。高校一般设有统一的心理健康教育指导中心，配有专业的师资团队和专门的硬件设施，并在党和国家的教育方针指导下统一制订科学的心理健康教育教学计划，对学生进行专业的心理健康教育课程讲授，组织心理健康状况普查和心理知识培训，指导开展丰富多彩的心理文化活动。高校心理健康教育的目标、内容、环境、方法、师资等方面的专业性优势，决定了高校教育的重要地位，以及高校教育要对家庭教育发挥指导作用。第二，明确家庭教育在家校合作中的基础地位和配合作用。"家庭教育是终身教育，能决定孩子的一生。"血浓于水的亲情，决定了儿女和父母之间具有先天性情感依恋和信任，赋予了家庭教育"以情动人"的天然优势。此外，家庭教育方法的灵活性、家风家训的传承性等特点，也在一定程度上决定了家庭教育在家校合作中处于基础地位。在家校合作中，家长只有树立良好的教育观，使家庭育人目标与高校育人目标保持同向性，配合学校做好大学生心理健康教育工作，才能真正完成"为党育人、为国育才"的光荣使命。第三，明确家校合作的内涵和原则。首先，要把握好"联"和"动"的内涵："联"是基础，是指通过联系、联络，实现双方信息的共享；"动"是指举措、作为。联动指家校双方在畅通联络的基础上，协同发力，共同作为。其次，家校合作的出发点和落脚点都是大学生，家校合作应用于大学生心理健康教育时要坚持以人为本，坚持群体预防式教育和个体补救式教育相结合的原则，既要对普通的青年学生开展心理健康教育，又要重点关注存在心理问题的特殊学生群体。

（5）系统构建家校合作模式

第一，搭建家校联络平台。在进行心理健康教育时，除了课上教学，还可以建立专门的心理健康教育网站，使学生能够更加方便地查阅资料，了解新知。一些二级的学院可以在学校网站内开辟心理健康教育专栏，在上面公开一些心理健康教育工作者的联系方式，方便学生联系。还可以通过对学生信息的采集或者填写电子档案等方式建立完善家长信息数据库，促进家校互联。还可以由学校出面，以专业、年级或者班级为单位，组织家庭与学校之间建立微信群，实现点对面、点对点的交流。另外，还可以举办一些活动，促进家庭与学校的交流，增加互联，使双方之间更加了解。如家长开放日、线上线下家长会等等。学校向家长讲述心理健康教育工作以及学生目前的思想动态，并普及一些心理健康教育有关的知识。第二，创新家校合作载体。随着互联网的发展，家庭与学校互相联合的方式也在发生着改变。学校可以借助新媒体的手段，创建一个家校互联心理共育的平台，在这个平台上发布一些心理健康教育的文章、视频等，为心理健康教育工作做宣传，同时也让学生们认识到心理健康教育的重要性。比如开辟一些心理知识培训、案例分享、在线咨询等模块专栏，拓宽学生和家长的视野。另外，还可以创立信息管理系统，根据不同学生以及家长提供的不同信息进行个性化推送服务。学生可以在这个平台上记录自己的心理动态，系统会据此给出心理分析以及温馨提醒。家长也可以获得学生的实时信息，并在心理专业人士的指导下，对学生进行心理疏导。第三，创建危机干预体系。心理健康教育系统平台通过对学生日常行为心理进行监测分析以及对学生的家庭情况、心理普查数据等信息，可以形成信息数据库。它定期通过特殊群体摸排、异常行为记录等方式对学生进行心理筛查，形成一个心理动态监控体系，对学生的心理状况进行检测，防患于未然。高校还可以将辅导员、家长、学生、专业心理教师以及院党政领导都组织起来，成立一个工作专班，定期对有潜在心理问题的学生进行咨询、家访等，关爱学生，尊重学生，促进其健康成长。

3.家校合作制度保障的策略

第一，加强制度建设。家校合作是一个系统性工程，高校要结合心理健康教育的实际情况，制定和完善相应的制度，将家校合作融入大学生心理健康教育工作体系。一方面，在构建"大思政"格局时，将家校合作纳入年度思政育人和心理育人工作计划，将工作职责从学校一级逐层传导，落实到具体部门、人员，并配套相应的评价和考核机制；另一方面，设立家校合作的专项经费，保障开展家校合作的人力、物力等资源充足，提高工作效能。第二，凝聚社会力量。首先，强化从国家到地方到高校的制度保障，加强社会舆论引导，不断提高社会、家庭、高校三方对于家校合作视角下大学生心理健康教育工作的重视。其次，在开展大学生心理健康教育的过程中，增设社会心理教育机构、家长教育组织等，凝聚社会教育力量。第三，加强育人队伍建设。高校要不断规范心理健康教师队伍的选拔、聘任和考核机制，把德才兼备的人才纳入育人队伍，以辅导员和心理专业教师为主体，以大学生心理健康协会和志愿者为辅，构建一支专兼结合、规模适当的心理健康教育队伍。该队伍可以定期研讨创新家校合作共育方案，为大学生心理健康保驾护航。

三、新媒体视角下大学生心理健康教育

（一）新媒体视角下进行大学生心理健康教育的必要性

随着互联网的发展，新媒体技术开始不断地出现在人们的眼前。相比起传统媒体，它具有很多优势，如交流互动方便、传播速度快，等等。它改变了人们的生活工作的方式，改善了传统媒体的不足。大学生们对这种新兴技术十分感兴趣，是运用新媒体技术的主要人群。由于新媒体技术传播信息速度十分迅速，且当今社会信息纷繁杂乱，因此，一些学生在接触到一些不好的信息时，就会产生一系列心理问题，给他们的学习生活造成压力，影响心理健康，不利于"三观"的养成。因此，利用新媒体对学生们开展心理健康教育工作，已经成为学校心理教育方面的首要任务。为了完成这个任务，心理健康专业教师必须要了解学生的实际情况，同时还要了解新媒体技术并正确运用，运用新媒体的优势丰富教学内容，吸引学生们的兴趣，制定有针对性的教学方案，不断提高学生们的心理健康水平。将新媒体融入大学生心理健康教育工作的益处，主要有以下几个方面。

首先，能够增长学生的见识。运用新媒体技术，学生能够了解到很多不同国家地区的信息，能够拓宽他们的视野，增长见识，同时，还可以进一步了解我们生存的世界，有助于塑造"三观"。

其次，能够培养学生的优良品质。与传统媒体相比，新媒体并没有那么严肃死板，比较灵活创新，它突破了传统媒体的表现形式，不断延伸扩展，能够拓展学生的思维能力和创新能力。同时在使用新媒体技术搜集信息的过程中，学生们能够不断锻炼自己的查询能力和实践能力，有助于养成良好的学习习惯和性格品质，增强了与他人的协作能力

最后，能够建立更加科学合理的心理调适制度机制。新媒体的传播速度快、传播范围广，学生在查询信息时，能够很快地查找到自己需要的内容。学生们通

过将获得的信息与自身实际情况做对比，能够形成正确的认知，并更加清晰地了解网络与现实的区别，从而不断自我发展。

（二）新媒体视角下大学生心理健康教育应该遵循的实践原则

1.主体性原则

心理健康教育是针对大学生设计的课程教学。学生是心理教育的主体，教师需要采取正确的教学方式对学生进行积极教育引导，加强对学生的教学培养，通过科学教育培养措施，积极开展心理健康教育措施。教师应该明确学生的主体地位，对学生采取必要的心理教育引导，保证大学心理教育起到教学作用。而且面对挫折和抗压能力，可以加强对当前的质量管理建设，从而取得积极的教育培养原则。

2.互动性原则

心理教育过程非常注重学生和教师之间的交流互动。所以教师应该秉持互动性原则，对学生进行心理教育。教师可以在学生之间进行心理健康的教育培养，学生向教师敞开心扉，向教师传递自己的想法。教师通过和学生交流，可以及时了解学生的心理问题，并且快速地解决。因此教师和学生应该建立平等和谐的关系，可以引导学生心理健康高效发展。

3.适度原则

新媒体在高校心理教育中应该保持适度原则，不可过分应用，需要应用在关键的时刻。教师需要明确新媒体对学生心理教育的作用，通过传统教育方式进行互补互助，可以通过传统的教育培养方式，全面获取更多的教学信息，从而为学生提供完善的教学培养作用，增强对学生积极教育引导，避免学生盲目使用新媒体的情况。

（三）新媒体视角下大学生心理健康教育的现实问题

1.心理健康教育的相关理念落实不到位

随着新媒体技术的切实发展，高校内部的心理健康教育也迎来了一个较为崭新的发展契机，在这样的现实情况面前，高校首先需要能够针对学校内部开展心理健康教育的实际环境进行切实的优化，并且切实地拓展当前进行心理健康教育的实际形式，与此同时还需要切实地丰富进行心理健康教育的实际手段，这样一来就能够利用多媒体技术来切实地提高当前心理健康教育实际开展过程中的针对性以及对于大学生的切实作用。高校在这样的现实情况面前，一定要切实地把握新媒体技术，从而实现学校心理健康教育的切实发展。但是随着新媒体技术的切实发展，对于高校内部进行心理健康教育的实际工作者也提出了更高、更严格的要求，这部分教育工作者应该能够较为敏锐地感觉到当前新媒体技术在心理健康教育开展过程中所起到的积极作用，并且能够积极地利用新媒体技术来切实促进高校内部心理健康教育的发展。从心理健康教育的外在因素考虑，随着新媒体时代的来临，大学生的认知往往会发生一定的变化，并且新媒体技术也在很大程度上极大地便利了心理健康教师与班级内部的学生之间的实际交流。在这样的现实情况面前，高校一定要顺应时代的实际发展趋势，及时地采取新媒体的思维模式来对现阶段高校内部切实开展的心理健康工作。从心理健康教育的内在因素考虑，新媒体技术往往具有比较快的传播速度，并且拥有较为丰富的信息资源，如果高校内部开展心理健康教育的相关教师能够科学地运用好新媒体技术以及新媒体当中蕴含的非常多的资源，并且能够将这些技术与资源都切实地应用在心理健康教育的实际过程中，那么就能极大地提高高校开展心理健康教育的实际水平。有些心理健康教育工作者即便利用新媒体丰富心理健康教育途径，但没有迎合当前新媒体的冲击，导致难以发挥出新媒体的价值，因此大学生心理健康教育工作者从教育理念上必须要能够发生积极转变。除此之外，思维封闭也是影响新媒体背景下大学生心理健康教育实效性的重要因素。

2.心理健康教育的教师队伍不够完善

虽然新媒体技术的发展十分迅速，心理健康教育中也融入了新媒体技术，但是在实际的心理健康教育过程中，对于新媒体技术却不能切实应用。这其中一部分原因就是一些心理健康教育的教师并不清楚自己在教育过程开展中的定位。在实际心理健康教育过程中，这些教师往往只是根据现有的资料进行知识理论的讲解，而并不对学生们展开实际的练习。这些枯燥无味的知识也无法解决学生在学习生活中遇到的种种心理问题。这是由于很多高校的心理健康教育工作者的心理素质不强，心理健康教育教师的队伍不够完善，无法完成学校交给的任务。无论从师资素养方面，还是从人员实际构成方面来说，这些教师都不满足新媒体时代对于心理健康教育教师的实际要求。而且，高校内许多心理健康教育方面的教师大多都安于现状，心安理得地待在舒适圈内部，不思创新，甚至缺乏对新媒体技术的基本认识。因此，这些不思进取的心理健康教育教师往往无法正确认识自己，不明确自身的定位，其水平也比较低。另外，在开展心理健康教育时，高校往往会选择一些老教师，由于他们对于新媒体技术的了解比较少，往往无法在心理健康教育中融入新媒体技术。目前，虽然有一部分高校专门招收或者培养一批专业的心理健康教育教师，但是这并不能完全提高心理健康教育的实际水平。因为，仍然有一部分学校招收的心理健康教师并不专业，他们往往是由其他专业转型而来，缺乏比较专业的心理健康教育知识，无法满足学生心理健康教育的要求，导致当前心理健康教育工作的结果不理想。

3.心理健康教育课程质量不高

心理教育课程的质量影响着学生心理发展。很多高校因为不同的实际情况，在开展心理课程教学时，存在一定的问题，影响学生的心理健康发展。教师应该针对学生的心理状态，对其进行积极的心理教育。但是很多教师忽略了学生个性化的心理问题，没有对学生进行针对性教育，一般都是对学生进行整体的心理教育，难以缓解学生实际的心理状况。这种脱离实际的心理教育很难缓解学生的心理问题，造成学生的心理健康教育失之偏颇，从而缺乏实战性，使得当前学生的心理问题变得更加明显，影响学生的心理健康发展。

4.心理健康教育教学手段比较落后

虽然新媒体时代来临，但是很多教师还是采取传统的教育培养方式，没有充分展现出当前的教学优势，对学生的学习发展形成不利影响。由于先进的心理教学技术没有进行良好的教育普及，从而造成心理教育效果不尽如人意。这种情况会造成教学资源的浪费，难以实现良好的教学作用，需要解决这一问题，积极把握心理健康教育，为学生进行正确的心理教育引导。

5.心理健康教育缺乏合适的教育载体

由于我国心理健康教育起步比较晚，很多高校并不重视心理健康教育工作，缺乏对它的正确认识，对于心理健康的实际态度十分消极。在实际的心理健康教育工作中无法完成资源的开发整合，并且无法完成心理健康教育的在线课程与活动载体普及行动。有关专家在进行深入研究之后发现，心理健康教育工作中缺乏相应的教育载体，因此学校的心理健康教育无法实现它的目标，新媒体技术也无法发挥出它的价值。而且，在学生心理健康教育工作中，学校也有很多没有考虑到的地方，如学生具有差异性、多变性、自主选择性等。在对学生进行心理教育时，要考虑到现实的情况，全方位、从多个角度出发，使用多元化的教育载体对学生进行教育。现阶段，在学生心理健康教育的课程设计、资源整合以及教学评价的过程中，由于缺少监督与管理，很多高校的心理健康教育的资源根本无法发挥出应有的作用与效果。

6.心理健康教育过程中缺乏对学生辩证思维能力的培养

在新媒体背景下，辩证思维能力是大学生必须具备的能力之一，这也是帮助学生正确分辨各自媒体信息的方式。但是一些高校心理健康教师并没有着重培养学生的辩证思维能力，仍然习惯性按照教材内容以照本宣科的方式进行教学，根本没有了解到学生的实际需求以及当前新媒体环境下对高校心理健康教育所提出的要求。同时，教师所采取的教学方式也是灌输式教学法，教师在讲台上讲得有声有色，学生在台下听得昏昏欲睡，长此以往，根本不能提高学生的主动性和积极性，而且也会对学生的辩证思维能力造成影响，进而使得学生无法正确分辨有效信息和价值。

7.心理健康教育过程中缺乏和家长的有效沟通

在当前心理健康教育过程中，学校与家长的联系较弱，双方之间缺乏合作意识，很多教师并没有将学生在学校的在校表现告知家长，很多家长对于学生在校的情况也并不了解，无法实现家校互联。在新媒体环境下，要提高学生的心理素质，仅仅教师一个人努力是不够的，还需要家长的支持和帮助，实现家校互联，才能帮助学生更好地健康成长。

8.心理健康教育过程中新媒体技术涉及较少

在很多高校内，有些心理健康教师对于新媒体技术知之甚少，这对高校心理健康教育造成了一定的阻碍。而要提高心理健康教育的时效性和科学性，就必须深入了解新媒体技术，正确地认识它，并不断掌握它的操作方式。在心理健康教育中融入新媒体技术，优化教学模式，引起学生的兴趣，使学生能够自主参与教学活动，不断提高他们的心理素质，同时也增强自己的教学水平。

（四）新媒体视角下大学生心理健康教育提升路径

1.充分利用新媒体平台

针对如此之多的变化以及特殊背景下存在的特殊问题，高校心理健康教育也必须随之做出改变，以适应当下青年大学生的心理状况，及时做出引导。完善高校心理健康教育制度。从机制体制建设、教育教学要求、宣传活动设计、咨询服务、预防干预、师资队伍培养培训等多方面入手，重视各个环节中的新媒体设计。

在新媒体时代背景下，利用好新媒体平台为大学生心理健康工作的开展提供了诸多新途径。

（1）在以往开设健康课基础上建设线上课程与活动

除了传统的心理基础课程和讲座外，利用新媒体的时代优势，增加线上活动比例，将线下活动与线上互动相结合、实体教材与线上讲授相结合、一个任课教师讲授与多个教师微课相结合，全过程无死角地创新教育教学工作方法。

（2）建立高校心理健康微信公众平台

通过心理健康微信公众平台积极营造线上健康良好的氛围，这一途径很多高校都已经付诸实践。近年来，许多高校的各个组织都登陆了各种公众平台，为自己的学校打造公众形象。心理健康平台也逐渐建立并投入使用。在 2016 年针对高校心理健康教育微信公众平台研究的论文中可见，已经有至少六所高校将心理健康微信平台投入使用，开始建设新媒体平台上的心理健康知识推送[1]。考虑到现今新媒体信息碎片化、鱼龙混杂的特点，高校的新媒体心理健康平台应该尽量建设得丰富、有趣、吸引人，能够引导学生参与其中并且凭借自己的独立思考得到结论。除了科普心理知识，高校心理健康新媒体平台应当推送各式各类的社会事件评论，在评论中传达健康积极的价值观，对影响价值判断的一些重大事件有合理的评价和判断，引导学生接受积极向上的人生观，树立正能量的社会观。对于尚未步入社会的大学生，心理健康平台的主要使命是帮助学生建立信心，提高面对困难的勇气和自信，并且锻炼学生主动思考社会问题的能力。

（3）建立心理咨询平台

中国地质大学（武汉）应用心理学研究所、上饶师范学院教育科学学院、武汉理工大学华夏学院、北京大学光华管理学院联合进行的一项调查研究结论表明，大学生对网络心理咨询有较积极的态度。而网络心理咨询能治疗人们的心理健康问题，如疏离感、网络成瘾、摄食障碍、创伤后应激障碍（post-traumatic stress disorder）等，能取得面对面心理咨询相同的治疗效果。网络心理咨询突破了传统面对面心理咨询的时间与空间的局限，能给有心理困惑的人带来及时、便利的帮助，所以越来越多的机构在开始提供网络心理咨询的相关服务[2]。在新媒体平台已经渐趋成熟的今日，高校的心理咨询也可以采取这种新形式。这种新的咨询方式减少了现实中人与人面对的压力。高校应该尝试建立机制完善的网络心理咨询窗

[1] 樊瑞华，訾彦锋.基于微信公众号的高校心理健康教育新媒体平台建设[J/OL].现代营销（下旬刊），2016，（7）：103-104.

[2] 黄海，颜小勇，余莉等.大学生对网络心理咨询的态度及与人格、网络自我效能感的关系[J].中国心理卫生杂志，2013，27（4）：299-304.

口，为不便面对面对谈的学生提供一些便利，帮助他们解决心头困惑。

2.提升高校网络教育能力与水平

在新媒体时代，网上很多不良的信息都会影响学生的心理健康。因此，在对学生进行心理健康教育时，不能只局限在心理教育本身，还要减少学生对新媒体平台信息的依赖，减少学生对它们的关注。要实现这个目标，就需要高校教师从两个方面入手。从教学上来说，高校教师不能直接向学生灌输知识，这样会引起学生的反感，反而不利于心理健康教育。教师可以组织一些活动，在教学过程中做一些有趣的设计，吸引学生的兴趣，以一种轻松愉快的方式对学生进行心理健康教育。从生活方面来说，学校要注重大学生的课外活动情况，引导学生养成各种良好的习惯，培养他们的优良品质，如培养学生独立思考的能力，培养学生深度自主阅读的兴趣，培养学生养成延迟满足的兴趣等，帮助学生养成良好的心态，不断自我发展。

3.培养高校教师新媒体操作能力

随着新媒体技术的发展，越来越多的心理健康教师将新媒体技术融入心理健康教育课程中。因此，高校教师要不断提高自己的新媒体管控能力，推动心理健康教育的快速发展，从而保证整体的教育培养能够最终形成理论与实践相互融合的教育方式。因此，高校要对教师进行培训，不仅培训他们的教学能力，还要训练他们的新媒体操作能力，不断提高教师的业务水平。

4.完善心理教育设备

要将新媒体技术融入心理健康教育中，就需要增加投入资金购买一些新媒体设备，以便于在心理健康教育课程中使用，从而更加科学地对学生进行心理健康教育，如数字电视、计算机等。教师还可以建立心理健康教育的网站，开发心理健康教育平台等，上传心理健康教育资源，及时进行师生互动等，对学生进行积极的教育培养，培养学生形成良好的心理状态，完成心理健康教育的目标。

5.提高指导培训，培养学生的辩证思维能力

新媒体好比一把双刃剑，有积极的一面，自然也有消极的一面，高校又是教书育人的主要场所，各种信息层出不穷，虽然也会从源头进行梳理，但是网络环境依旧错综复杂，并不是信息技术手段和人为监控能够完全涵盖的，必定会有遗漏的地方。针对这一情况，唯有加强学生的抵御能力，让他们对于新媒体环境有一定的辩证思维意识，这样不仅有利于学生自身的心理健康发展，也符合当前时

代对于心理健康教育的要求。如今的大学生基本上都是"95后""00后",他们的思维方式十分活跃,容易冲动,缺乏社会实践能力,同时人际交往水平也较为薄弱,高校需要在此基础上整合心理健康教育课程制度体系,将新媒体环境下如何实现心理健康教学改革作为一个专题去研究和分析,并形成具有针对性的教学方案。其内容包含新媒体下的信息筛选、辨别等。

其次,学生在新媒体环境下进行人际交往时,需要保护自身的身心安全,不要随便透露个人信息,也不要和陌生人过多交往,对于网络朋友的要求、态度等要跟家长、教师进行相应的交流和沟通。所以,高校管理机构要跟心理教育机构共同合作,走入学生的内心世界,主动关心、爱护学生,尽自己最大的能力帮助学生解决生活中的难题,引导他们肯定组织的存在,这样他们才会主动寻找组织,才会参与到活动中,从而树立健康良好的心理道德品质。

四、网络视角下大学生心理健康教育

(一)网络环境对大学生心理健康教育产生的影响

1.网络环境的正面影响

(1)有助于加强教育实效性

随着大学生人数的扩招,高校的心理健康教育领域受到了新的挑战。随着国家对于大学生心理健康教育越来越重视,大学生的心理健康教育工作也在不断地完善,并组织了各种心理健康教育活动,如日常疏导、心理排查等等,国家还成立了大学生心理咨询委员会。尽管国家制定了很多有关心理健康教育的政策和规定,但在大学生心理健康教育方面仍然存在着一些问题。这主要是因为大学生与心理健康教育工作者之间并没有进行深入的沟通,他们之间缺少交流,无法产生共鸣,心理健康教育工作难以继续开展。目前,互联网发展十分迅速,心理健康教育工作者可以通过网络平台宣传心理健康教育,打破局限,吸引学生的兴趣,同时拉近与学生之间的互动。这样,心理健康教育工作者就可以与学生进行更加深入的交流沟通,拉近与学生之间的距离,更好地对学生进行心理健康教育,促进学生健康成长。

(2)有助于加强教育可接受性

如今是信息化的社会,大学生们乐于接受各种新鲜事物。因此,心理健康教育工作者可以利用网络途径对大学生进行心理健康教育工作,这样不仅可以引起他们的兴趣，还能够加强心理健康教育的可接受性，使学生们重视心理健康教育。以前学校对于学生的心理健康问题都是采用一贯通用性的方式，即先入为主地判断学生是否存在问题，并没有对学生的个体差异做明显的区分，这导致很多学生对于心理健康教育出现不良的感受，教师无法完成心理健康教育工作的开展，工作也无法获得成效。现在是新的时代，互联网技术的发展给心理健康教育工作带来了新的转机，心理健康教育工作者和学生可以在网络平台进行在线心理健康教育，而不用面对面地进行，双方保持一个平等的关系，学生也能够更加轻松愉快地表达自己的想法，畅所欲言，而不用考虑外在形象以及面子问题，更好地发挥主观能动性。同时还能够使学生正视自己的心理问题，积极寻求帮助，从而获得治疗。

（3）有助于丰富教育途径

以往的心理健康教育工作中，辅导老师一般采用黑板、讲座以及传统的心理咨询方法对大学生进行心理健康指导。虽然这些方法都是心理健康教育工作中经常使用的，但这些方法比较传统守旧，对于以前的大学生都不能有很好的疏导效果，对于如今的大学生就更加不适用，出现事倍功半的效果，无法具备很好的针对性。学生在接受教育的过程中无法感同身受，辅导老师也常常出现无从下手的挫败感，降低对学生的教导成效。如今网络时代的出现，使得大学生心理健康教育工作有了多种不同的方法途径，给心理健康教育工作带来了新的机遇。在网络时代中，心理教育工作人员可以通过线上以及线下教育相结合的模式，为大学生打造一个良好的校园文化和网络文化氛围，从而对大学生进行正确引导。同时，这种方法可以将原本复杂以及枯燥的心理教育通过灵活的画面展现出来，这样有助于调动学生积极性，帮助学生在学习过程中可以直视自己心理问题，从而及时纠正自身心理行为，使自己可以保持健康状态。

（4）有助于丰富教育内容

原本的大学生心理健康教育主要围绕枯燥学习内容开展相关工作，这种方式根本无法保证大学生集中注意力，也不能保证大学生将全部内容吸收。在网络环境下，大学生心理健康教育内容变得更加丰富，同时也更符合当今教育发展趋势，在教学中可以加强大学生将来在社会中的适应能力，为自己的未来发展做出铺垫。微信、微博、抖音、快手等一些新媒体平台可以引进一些先进教育理论，从而为大学生提供一些心理健康教育学习平台，使学生主动接受心理健康教育，并在学习中掌握更多学习内容，帮助自己尽快达到目标。此外，学生还可以在网络平台中查询一些案例，并对其中的问题进行详细分析，在案例分析中形成正确观点，并加强自身对网络的信息判断能力。

2.网络环境的负面影响

（1）增加教育复杂性

随着互联网的飞速发展，信息繁杂多变，给学生的心理带来了一定的压力，不利于他们的心理健康成长。时代在发展，心理健康教育也不能落后，它也要跟随时代的脚步不断发展，这也给心理健康教育工作者提出了更高的要求。心理健康教育工作者必须要转变观念，不能过于刻板守旧，而是要不断发展新技能，始终学习各种新知识，以便于应对各种新挑战。互联网上的信息是多元化的，有很多不良的信息会侵害大学生的心理健康，影响他们的正常学习和生活。甚至有一些学生还会出现一些心理问题，无法正确地认识社会，走上歧途。大学生具有极强的好奇心，容易受到各种新鲜事物的干扰，他们并不了解外面的世界，心智也并不坚定，容易被一些不良信息侵入，形成各种不良习惯，在心理上对网络产生依赖情绪，不利于未来的发展。

（2）教育工作失效

由于网络时代的到来，心理健康教育工作可以同时在线上以及线下开展。但是和线下教育工作相比，线上工作存在大量问题，有混乱以及无序现象，给大学生心理健康教育工作带来很多困扰。一般大学生在网络平台中处于匿名状态，因此在平台中的行为无法得到正确约束，学生开始在网络平台中肆意发表言论。由于大学生在平台中处于匿名状态，所以其中信息无法辨认真假，如果在工作中不对学生进行正确引导，会使学生心理问题无法得到有效解决，还会使学生心理问题进一步严重。网络时代中的诱惑非常多，一旦学生对自己无法进行正确约束，那么就会影响学生将来发展情况，给学生造成严重阻碍。

（3）教育的不确定性

众所周知，网络是一个动态的环境，网络有便利性，同时也会带来不确定性。我们的教育都采用体系式，有编制完整的教材、教程等一系列固定的流程。这样的好处是可以按部就班、循序渐进地一步步把教育落实到日常的学习工作中，但由于网络是一个二十四小时不间断发布讯息的通道，我们按照原本的教育计划逐步开展工作的时候，受教育的大学生群体很有可能被网络上的观点、讯息影响，从而导致我们的教育满盘皆输，这一点是我们完全无法控制的，因此也被称为教育工作的不确定性。

（二）网络视角下大学生心理健康教育提升路径

1.创新心理健康教学模式

教师灵活应用"互联网＋"的模式，可以很好地把传统课堂教学的优势与互联网的信息化结合在一起，以适应大学生借助现代化信息手段的学习心理，改革传统教学手段，激发大学生自主学习的热情和积极性。比如，教师让大学生课前在网上搜索相关学习资料，并上传至班级学习平台，实现师生教学资源共建、学习资源共享的教学模式，辅之教师合理引导，启发学生积极思考，创新学习；也可通过大学生在网上查找资料，小组集体备课，实现"翻转课堂"教学改革；结合教学内容，教师可采用网上作业、课堂测试、分享学习资源等手段，帮助大学生明确课堂教学的重难点，并利用教师上传到学习平台的教学资源，进行巩固和复习。在教学中，教师还可将认知行为治疗、团队心理辅导、角色扮演等方法灵活运用到课堂中，并通过深入探索，增强心理健康教学的互动性、实用性。另外，从建构主义角度来说，知识是在自我探索中不断积累经验建构的。因此，大学生用互联网技术挑选自己想学习的知识内容，就是在符合自己已有的经验进行知识建构的学习。大学生建构新的知识与重组自己已有的知识经验在心理健康教育这一主题下显得尤为适合，因为心理健康教育的目的就是让大学生自发地调节自己的心理活动。该理论也强调了知识的动态性，这也符合现代社会中知识不断更新的大背景，以及适合利用互联网去捕捉最新的信息。

2.建立大心理健康教育观

一个人的一生要经历很多阶段，大学生阶段只是其中一个。因此，针对大学生的心理教育，不能是片段化的、零碎化的，而要是连续性的，这样才能使大学生始终保持一个健康的心理状态。学生在各个阶段都有可能会发生一些危机事件，这些事件家长、教师可能无从得知，学生档案中也并不会写出。在学习工作中，这些心理问题始终缠绕着他们，给他们带来困扰，影响正常的工作、学习和生活。因此，高校心理健康教育要多多宣传心理健康教育，引起人们的重视，利用"互联网＋"的形式广泛采取各种措施，树立心理健康终身教育的理念，要关注学生各阶段的心理健康教育经历，帮助其树立大心理健康教育观。高校要利用互联网技术建立大学生心理健康教育平台，同时收集各种心理数据建立大学生心理健康教育档案库，检测学生的心理成长动态，保护学生的健康成长。

3.做好心理障碍识别与矫治教育

随着科技的发展以及 4G、5G 网络的普及，大学生对于互联网越来越迷恋，甚至有部分学生出现网络上瘾现象，花费大量的时间与精力沉溺于网上，不顾现实生活。手机原本只是人们互相沟通的工具，后来可供学生在上面玩游戏、看小说、浏览网页、追剧等等，这些网络娱乐严重影响了大学生的正常学习和生活，不益于他们的身心健康。因此，在大学生心理健康教育过程中，首先要做的就是进行预防教育，防止学生出现网络成瘾情况，避免学生过多地接触网络，防患于未然。教师要指导大学生正确面对手机、电脑，让他们清楚这些只是获取信息的工具，学生要做工具的主人。因此，在大学生心理健康教育工作中，重点主要是做好心理障碍识别的教育工作。当学生出现焦虑、抑郁、偏执、网络成瘾等精神或者心理上的异常行为时，教师要正确认识大学生的心理问题，找准切入点，采取一定的措施建立应对机制，做好预防和教育工作，完成心理健康教育目标，促进大学生心理健康成长。

第五章 大学生心理健康与全面发展的研究

本章为大学生心理健康与全面发展的研究，在这一章主要介绍了四个方面的内容，依次是第一节新时代大学生全面发展的概述、第二节基于全面发展理论的心理健康教育、第三节大学生全面发展教育的实现路径、第四节大学生全面发展教育的创新手段。

第一节 新时代大学生全面发展的概述

一、培养学生全面发展的重要作用

根据教育部对于学生的教育目标，教师要将学生培养成一个具有优秀品质和良好能力的人，不能仅仅关注学生的成绩，而是要关注学生的全面发展。

（一）有助于大学生形成正确的价值观念

对于个体来说，大学阶段是一个重要阶段。在这个阶段，学生的心智介于成熟与不成熟之间，是价值观念养成的重要阶段。因此，在对大学生进行教育时，要始终保持一个良好的心态，培养他们形成良好的习惯，帮助他们树立正确的"三观"，关注学生的全面发展。同时要培养学生积极向上的生活态度，在学生面对困难时，引导他们积极思考解决问题，激励他们形成自己的奋斗目标，努力实现自己的人生价值，通过不断的努力得到收获，始终健康快乐地成长。

（二）有利于将大学生塑造成创新型人才

大学生在全面发展的过程中要时刻认真学习，不断提升自己的专业能力，自身要有使命感，肩负起时代赋予的责任，为中华民族的伟大复兴以及社会的发展尽心尽力。大学生也要不断学习各种新知识，在社会中不断实践，成为当代社会所需的复合型人才。

（三）是赋予大学生的民族使命

青年是实现中国梦的中坚力量，他们代表着民族的未来与希望。高校要始终全面发展学生，不断培养他们，帮助他们树立正确的"三观"，增强他们的社会责任感。作为青年一代，他们要以坚持中华民族的伟大复兴为己任，不断学习各种新知识，增强自己的业务能力，提升自己的专业水平，担负起民族赋予的伟大使命，不怕困难，勇往直前，为国家的强盛、社会的安稳出一份力。

二、新时代大学生全面发展的内涵

（一）德——坚定理想信念，厚植爱国主义

新时代的大学生要时刻坚定理想信念，不断努力，不断学习，向着自己的未来目标前进。所谓理想、信念，二者都是独立的概念，它们具有各自不同的内涵。理想是人们对于未来的美好追求，它根植于每个人的内心，是人们内心深处对未来最美好的期待和追求，它体现了个人的世界观、人生观、价值观，人们需要付出不懈的努力，才能够最终实现自己的理想。信念是人们内心一种坚定不移的心理状态，是对于一个目标始终坚持不懈的追求，是理想最终实现的背后驱动力量。它是一种持久性的精神力量，十分稳定，它引导着人们的行为，控制着人们的主要意识。理想与信念都属于精神的范畴，二者相互联系又相互依赖，相辅相成，共同引导着人们向着未来前进。信念是实现理想的主要驱动力，它是依托于具体的理想而存在的一种稳定的意识，只有拥有坚定的信念并为之奋起努力，才可以最终实现自己的理想。理想的实现离不开信念的坚持，理想是人们对于未来的美好期望，它是一个未来的目标，是执着信念不懈努力的最终目的地。理想与信念充分体现了一个人的三观，展现了人们对于未来目标的坚定与执着的追求。大学生们要树立正确的理想信念，这对于个人、社会与国家具有重要的意义。只有在青年时代不断地努力，奋起直追，甘于吃苦，勇于奉献，才能称得上是一个高尚的人，才能最终实现自己的人生价值。一个人如果没有理想和信念，那么他的人生就会既没有方向，也没有未来。人只有拥有坚定的、正确的理想信念，才能实现自己的未来目标，才能发挥自己的人生价值，展现自己人生的意义。当代

大学生要始终坚持中国特色社会主义共同理想，以中华民族伟大复兴的中国梦为共同理想，为实现共产主义远大理想共同努力奋斗。对于大学生个人来说，理想信念有着重大的意义，坚定的理想与信念有助于他们形成正确的人生态度与价值观，这不仅有益于大学生的身心健康，也关系到国家与民族的未来与发展。大学生要始终坚持不断地学习各种新知识，并在日常生活中运用他们，在实践中不断加深自己的认识，逐渐形成正确的观念与价值观，保持一种积极向上的态度。大学生们还要始终坚持中华民族的伟大理想，坚持中华民族的中国梦，这其中最重要的精神动力就是要始终坚持爱国主义。它是人们艰苦奋斗的强大力量，也是民众们始终投身社会主义建设的强大力量。习近平总书记多次指出："爱国主义精神深深根植于中华民族心中，是中华民族的精神基因，维系着华夏大地上各个民族的团结统一，激励着一代又一代中华儿女为祖国的发展繁荣而不懈奋斗。"[1] 作为大学生，要始终牢记自己的历史使命，要始终坚持爱国主义精神，坚定正确的政治立场。大学生，是建设社会主义的中坚力量，是国家和民族的未来和希望。因此，大学生们一定要树立正确的三观，确定社会主义理想信念，拥有深厚的爱国主义情感，成为对国家和社会有用的人才。中华民族之所以在历经磨难之后仍然能够奋发图强，生生不息，主要归功于深厚的爱国主义情怀。在新的历史时代，大学生要时刻关注时代的发展，立足于社会，不断学习，不断努力，树立崇高的伟大理想，将个人的人生理想与国家民族的发展进步紧密结合，将爱国主义精神落实在实践中，拼搏奋斗。在我国，爱国和爱党、爱社会主义是相统一的。爱国主义是具体的而不是抽象的。实现中国梦和建设社会主义现代化强国，需要大学生不断提升爱国的本领，奋发图强、开拓创新，以自己的实际行动报效祖国。一方面，通过学习增强创新能力。创新是一个国家兴旺发达的不竭动力，大学生要加强学习科学文化知识，不断攀登科学研究的高峰，使中国的科技创新走在世界前列。另一方面，通过实习增强实践能力。强化实习环节对大学生实践能力的培养，使学生对专业的认知不只是停留在书本上，而是将理论转化为现实的生产力，投入建设新时代中国特色社会主义的伟大实践之中。大学生的爱国情怀事关中华民族伟大复兴，事关新时代中国特色社会主义建设进程，事关大学生全面健康发展。当代大学生需要具有深厚的爱国主义情怀，才能切实担当起民族复兴的大任。

（二）智——丰富知识见识

德、智、体、美、劳全面发展，这是对于大学生的目标要求。其中的"智"

---

[1]　习近平. 大力弘扬爱国主义精神为实现中国梦提供精神支柱 [N]. 人民日报，2015-12-30（1）.

主要有两个核心的要求，即知识与见识。尽管二者听起来很像，但是它们的内在含义是不同的。习近平总书记倡导学生要不断增长知识见识，要求在对学生进行教育时，高校教师要积极引导学生，让他们不断学习各种新知识，养成各种良好的习惯，珍惜学校里的时光，勤奋学习，勇于实践，不断提高自己的能力，逐渐使他们成为一个明白事理、勇于探索的新时代大学生。知识就是书本里的知识，而见识是指在实践中获得的东西。通过参加实践，不仅能够增长见识，还能够对之前课本上学到的知识进行加深巩固，便于理解。在现在这个信息化的社会，生活节奏逐渐加快，知识更新的节奏也在不断地变快，大学生要想跟得上时代的脚步，就必须不断地学习。大学生要掌握各种新知识，不断增强自己的见识，拓宽自己的视野，这样才能成为一个了解中国和世界的人才，才能肩负起中华民族伟大复兴的责任。丰富的知识与见识是大学生成长成才的坚固的根基。知识，是人类从各种生活实践中逐渐总结出来的认识的总和，是对客观事物的现象和规律的解释说明，是对所有物质世界与精神世界的探索结果的总和。人们得到的知识越多，越能够掌握事物发展的一般规律，越能够正确地认识所有的客观事物，从而不断地增强改造自然改造社会的能力，获得更加广阔的自由空间，获得更大的发展。现代社会飞速发展，信息繁杂，知识更新换代逐渐加快，各种新事物、新知识、新情况不断地涌现出来，大学生要想跟上时代的脚步，为现代社会做出自己的贡献，就需要改变自己的旧观念，学习各种新知识，在各种新领域不断地进行实践。学习使人开阔视野，多读书、读好书是大学生实现全面发展必备的基本素质。学习，不仅包括对书本上专业知识的钻研，也包括在社会上人生经历的体验。见识作为一种明智、正确地作出判断及认识的能力，具有预见性，并且可以把握客观事物的发展规律，认清事物发展方向，预料到尚未发生但是可能发生的事物。大学生的见识首先是对祖国、对党的认识。他们能够通过对马克思主义理论的学习，辨清社会发展的方向，在自己的专业领域中取得优异的成绩，把握和坚持正确的政治方向。见识具有判断性，大学生如果见识足够广，在对事物进行深入研究和思考后，就能快速、准确地对周边复杂的环境和当前严峻形势做出全面分析，并做出正确的判断，为自己的选择提供可靠、全面的依据。见识广是以知识丰富为前提和基础的，大学生可以通过阅读书本、浏览互联网、参与人际交往和实践活动等途径获取知识，从而完善、丰富自身的知识结构。大学生在学习期间，知识累积得越丰富越科学，思维就越清晰，从而为自身的发展奠定良好基础，为社会的发展需要贡献自身的力量。知识与见识是衡量一个人是否有才能、是否有学问、视野是否广阔的重要标志，也是人发挥本领、成就大业的基础。大学生只有掌握了大量的知识，获得了丰富的见识，并且看待问题透彻、有深刻的见解，才能把知识见识运用到正确的地方，才能具备更强的能力去应对和解决未来人生道路上可能遇到的所有问题，才能更好地为祖国和人民服务，推动国家繁荣昌盛、人民幸福安康。

（三）体——提高生命质量

一切工作的开展都离不开一个健康的身体，它是做好一切事情的前提。如果没有一个健康的身体，那么其他各项工作都只是一纸空谈。因此，学生除了要有良好的道德品质以及丰富的知识技能，还需要拥有一副强健的体魄。在全面发展中，"体"十分的重要，它主要包含两个方面，即体育与体质。学校的体育教育主要是为了使学生保持一个健康的身体，它从学生的特点出发，根据不同阶段学生的生理特点为他们制定不同的体育教育课程，以保持学生的身心健康。与大学之前的学习阶段相比，大学里的体育课程比较少，而且由于其相对自由度比较高，很多学生很难自主地去进行体育锻炼，身体处于亚健康状态，不利于健康成长。因此，在大学阶段，学校也要开设一定的体育教育课程，加强对学生的体育教育，督促他们养成体育锻炼的好习惯。教师还可以通过一些活动、比赛等让学生领会到体育锻炼的乐趣，学会自主锻炼，促进学生身心健康成长。

为了使学生养成自主锻炼的习惯，培养学生终身体育的思想，在对学生进行体育教育时，教师要采用多样化的措施，不断引起学生的兴趣，促使他们不断进行自主锻炼。这样，不仅对于学生个人有益，对于社会与国家也是有益的，有利于社会主义建设工作的良好推动。教师可以组织各种体育活动以及比赛，如晨跑、课间操、篮球赛等，不断增强学生对于体育的兴趣。教师还可以将体育课程的考勤纳入学生的日常纪律考核范围，促进大学生对于体育锻炼的积极性，主动参与其中。辅导员要充分发挥自己的指导作用，引导学生主动组织参与各种体育活动，不断增强他们的参与感和自信心，根据不同学生的情况特点，选择不同的体育活动方式，帮助学生养成良好的运动习惯。

现在社会经济全球化不断地发展，中西方之间的文化交流显著。我国的主流文化是儒家文化，随着西方文化的冲击，我国也逐渐意识到身体素质健康的重要性，开始推行体育教育。当今社会，经济发展十分迅速，各种营养物质都十分充足，但是在思想教育和教学方式方面还存在着一些问题。因此，我国在各个高校大力促进体育教育，推行体育课程，其目的是补充学生素质教育的短板，促进学生德、智、体、美、劳全面发展。体育课程中的教育能够达到其他课程达不到的教学成果，也是它最为显著的教学优势。在大学中，体育教学的方式主要有体育课堂、身体素质测试、课外锻炼等等，这些方式从各个层面全方位地提升了学生的身体素质。但是，还是需要注意，目前在我国应试教育学生主体中，相比起文化素质，其身体素质往往比较差，要提高学生的身体素质，需要做到两个方面，一是要提高学生对于体育健康课程的参与度，吸引学生的积极性；二是要确保身体素质提升的强度，要采用一系列活动慢慢提升，不能一蹴而就、揠苗助长，否则对学生有害无益。

大学生要形成规律的体育习惯，养成良好的体育生活方式，就要亲身参与并体验体育锻炼，掌控自己的身体行为。只有充分地体验、认知和丰富自我后，才会激发参与体育锻炼的内生动力，从而为我国建设体育强国提供人才基础。对于学习、人际关系、就业等压力日趋加重的现代大学生来说，适度且有规律的体育锻炼有利于提高其免疫力，促进身体的生长发育，舒展身心，使疲劳的身体得到充分的休息；还有利于增强大学生的心理素质，促使大学生心理正常、健康地发展，锻炼毅力和耐力，陶冶情操，调节大学生的情绪，使大学生更加精力充沛地投入学习。一些集体性的体育项目和竞赛活动还可以培养大学生的团结、协作意识，使大学生在享受乐趣的过程中，弘扬自强不息、超越自我的精神。大学生在紧张忙碌的学习之余，就应该适当给自己的身体加油充电，在拥有活跃的思维之时，也需要让自己的身体龙腾虎跃，舒展出骄傲的青春风姿，展示出昂扬向上的精神风貌。

（四）美——实现以美育人以文化人

在大学生素质教育全面发展过程中，美育是一个重要组成部分。关于美的概念有很多，大致可以分为外在和内在，有人认为美是一种视觉上的审美感受，也有人认为美是一种内在的表现，诚实、守信、善良、孝顺都是内在美。对于大学生来说，美育教育就是要对大学生的审美教育，要提高大学生的审美素养。在日常生活中，要善于发现美、创造美，用美的眼睛去看待世间万物。美育是提高大学生审美素养的基本途径，是培养大学生认识美、爱好美以及创造美的能力的教育，通过进行审美教育，大学生能够拥有正确的审美观，还能够促进自身德、智、体、劳等四方面的健康发展。通过审美教育，学生可以从审美的角度重新去认识世界，重新去了解客观世界，同时这也会促进学生审美教育的发展，起到启发的作用。大学生不仅能够获得审美上的享受，还能够提升自己对于自然界与社会的认识。在这个过程中，学生潜移默化地受到真善美的熏陶，不断修身养性，身体力行，从而不断增强自己的审美体验。从"德"的角度来看，它还能对大学生起到道德感化的作用，能够充实完善大学生的情感体验，对其精神世界产生积极的影响，推动个人优良品质的形成。从"智"的角度来看，对大学生实施美学教育能够不断提升他们的观察力、感知力与想象力，从而促进他们的智力发展。从"体"和"劳"的角度来看，对大学生实施美学教育，能够使他们获得审美上的积极的情感体验，不断地对自身的心理与身体进行双重调节，从而净化心灵，消除疲惫，提升运动和劳动的积极性和参与性。总体来看，美育教育对于德、智、体、劳等四个方面都具有积极作用，它不仅能够促进大学生的个性发展，还能促进其全面发展。习近平对于大学生的美育工作也十分重视，他提出要不断增强对大学生的美学教育，提高大学生的审美素养，同时还要加强以文化人，提高大学生的人文素养，做好美育工作，促进大学生健康成长。对于大学生来说，美育具有十分重要的积极作用。它不仅使学生们了解如何赏析美术音乐等作品，还引导着他们不断正视自己的内心，促进心灵美和行为美协同发展，引导大学生树立人生理想，并不断地努力追求。美育能够丰富大学生的精神生活，丰富他们的情感体验，促使他们形成优良的内在品质，激发想象力和创造力，鼓励他们热爱学习、热爱生活，不断拓宽视野，丰富自己的内心。高校要加强美育，促进大学生全面健康发展，这需要组建一支高素质的美育教师队伍，引导学生们认识美、发现美、创造美，不断影响他们的思想与情感，使学生更加积极地面对生活、热爱生活，鼓励他们不断奋斗。文化经典是中华民族古老的文化传承，是先辈宝贵的生活经验，在对学生进行教育时，可以采用文化经典来引导大学生对其产生兴趣，使他们充分感受到文化经典的魅力。

（五）劳——在奋斗中实现人生价值

要培养全面的人才，"劳"是必不可少的。要培养一个全面发展的人，就需要将教育与生产劳动相结合。劳是指人们劳动、实践的过程，奋斗是劳动的中国式的表达。在充分发挥主观能动性的奋斗过程中，大学生们能够产生奋斗精神，从而促进实践的发展。只有拥有奋斗精神，大学生们才可以有目的、有方向、有力量地实现自己的人生价值。对于每个人来说，在奋斗中实现人生价值都是一种幸福。新时代的大学生要想实现自己未来的美好目标，实现自己的人生价值，就需要不断地艰苦奋斗。在社会经济发展中，大学生承担着重要的角色，因此，在大学阶段帮助其树立正确的奋斗观是十分重要的，这对于他们自身也是有益的。在新的发展时期，经济蓬勃发展，这给大学生带来了新的挑战，同时也提供了许多新的机遇。大学生若想实现自己的目标，大展宏图，就需要不断地奋发向上，始终坚持自己的理想不动摇、不怕困难、勇于实践、抓住机会、奋勇向前。作为青年一代，大学生肩负着中华民族的伟大使命，要始终坚持中国特色社会主义思想，艰苦奋斗，努力实现中国梦。大学生要不断地磨炼自己的意志和信念，勇于承担，敢于实践，不断提升自己的能力和素质。大学生只有通过艰苦劳动和辛勤的奋斗，才可以从中锤炼出坚韧不拔的意志品格，培养出奋勇向前的进取精神，历练出胜不骄败不馁的心理素质，从而最终以乐观向上的人生态度面对任何困难和挫折。新时代大学生只有把奋斗精神融入学习、生活以及实践活动中，才能够更好地承担起时代所赋予的使命，在波涛汹涌的时代浪潮中扬起自己奋斗的风帆。大学生要牢固树立劳动最光荣、奋斗最幸福的理念，在日常学习和生活中要自觉做到艰苦奋斗、无私奉献，从而使自己今后无论从事任何岗位的工作都能熠熠闪光，为经济社会发展贡献自身力量。大学生不仅要在认知上尊重劳动、崇尚劳动、热爱劳动，还要在行为上做到辛勤劳动、诚实劳动、创造性劳动。在今后走向工作岗位时，大学生要坚持辛勤劳动的精神，不能只索取不付出，做事情不讲方法和技巧、懒惰、蛮干，而是要勤奋向上、方法和思路对路；其次还要坚持诚信劳动的精神，把握好工作的底线，增进人民福祉；再次要坚持创造性劳动的精神，解放思想、拓宽眼界，做到取长补短、开拓进取。只有这样，每一位大学生今后才能以一己微力为推动新时代我国高质量发展增光添彩。

三、新时代大学生全面发展的培育要点

党的十八大以来，习近平总书记围绕"培养社会主义建设者和接班人"做出一系列重要论述，深刻回答了"培养什么人、怎样培养人、为谁培养人"这一根本性问题[①]。在复杂多变的国际形势背景下，我国的教育在持续进行改革与创新，在改革与创新中，我们始终坚定培养合格的社会主义建设者和与接班人，培养一批听党话、跟党走、感党恩的时代新人，培养一批牢记使命、不忘初心的担当者与继承者，只有这样才能够为民族复兴和人民幸福提供更多的人才保障。

（一）坚持教师的主导地位

教师对于人类灵魂工程的建设和大学生人生的发展有着重要的意义。高校教师的言行举止对于高校的大学生有着深刻的影响，所以高校应该具备优秀的教师

---

① 孙晓琳.思想政治教育话语发展研究 [M].北京：中国社会科学出版社，2022.

队伍，同时加强对师资队伍的建设，对高校教师不学习的坏习惯进行纠正，使教师对自己的职业具备更高的兴趣和责任感，让每一位教师都能做到活到老，学到老。一位优秀的教师常常会把自己大部分的时间用到学术和学生身上，通过课堂的教育来向传授学生知识，开发学生的创造力，培养学生的爱国情操和道德情操，让学生树立正确的价值观、爱情观、幸福观、苦乐观、得失观、顺逆观、荣辱观等观念，从而明白奋斗才能获得幸福的生活的道理。因此，高校要坚持教师的主导地位，严格要求教师的专业能力和专业素质，如此才能培育出优秀的青年大学生。

（二）坚持大学生的主体地位

在高校办学中，大学生是最主要的受教育的主体。青年大学生在高校校园中的学习和生活非常丰富，有着浓厚的学习氛围。2019 年 7 月 16 日，习近平总书记在参观内蒙古大学时指出："少年强则中国强，看到年轻人健康聪敏、奋发向上，充满正能量，心里十分高兴。长江后浪推前浪，青出于蓝而胜于蓝，未来是属于青年人的。"[①] 祖国的未来需要青年的力量，民族复兴的大任需要大学生肩负起来。社会和时代的发展需要高校对青年大学生的德智体美劳进行培养。

在历史发展过程中，一批批爱国青年不断出现。这些青年为民族、国家和人民牺牲了自己的生命，换取了祖国如今的繁荣。所以，青年大学生是高校发展的主要动力，一个合格的高校必须做好青年大学生的教育工作。

（三）注重家长在大学生全面发展教育中的重要作用

在孩子的成长过程中，家长是摇篮与避风港，家庭的教育有着非常重要的意义。家长在家庭教育中可以为孩子树立榜样，给成长阶段的孩子带来呵护和关爱。孩子们的成长离不开和谐温馨的家庭环境，在这种环境中，孩子们可以养成尊老爱幼的品德，能够健康快乐地成长。孟母三迁的故事对于家庭教育非常有启示性，告诉我们父母在孩子的成长过程中有着直接性的影响。青年时期对于大学生人格的塑造有着非常关键的意义，同时对大学生自我完善和充实也是非常重要的。在对大学生的德智体美劳进行培养的时候，高校必须也要对大学生的家庭教育足够重视，注重家长在大学生全面发展教育中的重要作用，以此来让大学生关爱家庭和亲人，树立积极、正确的家庭观、爱情观，让他们离开学校走上岗位时能够更

---

① 张晓松，朱基钗.习近平勉励大学生：志存高远、脚踏实地，做国家的骨干和栋梁 [EB/OL]（2019-07-16[2021-03-13].http://politics.people.com.cn/n1/2019/0716/c1024-31238212.html.

好地回报社会。作为家庭的主要成员和社会主义的建设者，青年大学生必须在校园中掌握好专业知识、有能力有担当，对自己的家庭和整个社会负起责任，成为有理想、有担当的新一代青年，为祖国的强大和发展贡献自己的一份力量。

第二节　基于全面发展理论的心理健康教育

一、全面发展理论的内涵

在深刻剖析了资本主义分工所造成的人的片面发展之后，马克思、恩格斯针对性地提出了全面发展的思想。人的全面发展并不是指所有人的各个方面的能力都齐头并进地发展，而是指人根据自己的实际情况，在力所能及的范围内，平衡发展自己的各个方面。马克思认为人的全面发展是："人以一种全面的方式，也就是说，作为一个完整的人占有自己的全面的本质。"[1] 因此，他对未来社会人的生存和发展的规定，主要体现在以下四个方面。

（一）人的需要的全面发展

马克思把人的需要和人的本质联系在了一起，指出："他们的需要即他们的本性。"[2] 由此可知，需要的满足程度在某种意义上直接决定人的本质的实现程度，需要的发展实质上是促进人全面发展的强大动力，是"人的本质力量的新的证明和人的本质的新的充实"[3]。马克思认为人的生存、发展需要是多方面的，人的生活方式和发展水平的性质实质上是人的现实需要的结构反映。在社会物质供给极端匮乏、生产力水平极端低下时，人的需要也是简单粗陋的；随着生产力水平的提高，人的劳作时长日趋缩短，这时候人的闲暇时间也日益增多，此时，人的需要也从简单粗陋向多层次、多方面发展；到了资本主义社会发展阶段，生产力又得到了进一步的发展，由此带来的不是人的需要的解放，而是人的需要被严重扭曲。"每个人都千方百计在别人身上唤起某种新的需要，以便迫使他做出新的牺牲，把他置于一种新的依赖地位，促使他进行新花样的享受，从而使他陷于经济上的破产。每个人都力图创造出一种支配其他人的、异己的本质力量，以便从这

---

[1]　马克思，恩格斯．马克思恩格斯全集第 42 卷 [M]．北京：人民出版社，1979：123.
[2]　段文灵．马克思关于人的本质思想与思想政治教育的创新发展 [J]．南京政治学院学报，2006.6：89-91.
[3]　马克思，恩格斯．马克思恩格斯全集．第 42 卷 [M]．人民出版社 1979 年版：132.

里面找到自己本身的利己需要的满足……随着人作为人越来越贫穷，人越来越需要货币，以便占有这个敌对的本质"①。这段话阐述了马克思对资本主义背景下的人的需要特性的揭露，也就是资本对人需要的严重扭曲。然而到了社会主义和共产主义社会，人的需要日渐丰富和多样，这个时候，人对精神层面的需要将呈上升趋势，相应地，物质需要也就会随之下降。综上所述，人的需要包含物质需要、精神需要、自我实现需要、发展需要、超越自由的需要等等，其中自我需要、发展的需要、自由的需要也会随着社会的进步将在人的需求层级中逐渐居于主导地位，实质上，这才是全面发展的人所应具备的需求结构。人的需要和人的发展之间的关系是相互的，人需要的全面性反映着人的发展全面性，人在需要的驱动下，了会积极主动极富创造性地参加生产劳动和各种实践活动，所以说，人的需要促进了人的全面发展。

（二）人的本质的全面发展

"人的类特征恰恰就是自由自觉的活动。"② 这也就意味着，人的本质就是自由自觉的人类劳动，劳动是将动物本能的活动和人类的生命活动区分开的根本标志。对于动物来说，它们的生命活动是受基因支配的行为，虽然它们与所处的周围自然界之间存在着一定的联系，但是却没有从自然界中分离出来，消极适应着自然界。但是人类则与动物不同，人的生命活动是有意识地进行的，在对自然界进行改造的过程中能够发挥自身的主体性，从而将人类的活动从动物式的本能劳动过渡到真正的人类劳动。所以，一个人只有进行自由自觉的劳动，才能充分发展自身的能力与个性。一方面，要全面发展人的能力。马克思认为，人的能力全面发展包括体力、潜力、自然力和社会力的发展③。其中，体力的发展是智力发展的前提条件，一个人只有发展了体力，才能更好地发展和运用智力；与此同时，一个人发展了自身的智力，那么也就能够促进体力的解放，如人的智力发展带动了科学技术的发展，从而将人从繁重的体力劳动中解放出来，得以综合发展其他方面的能力。但是需要注意的是，人的能力并非是一直不会发生变化的。随着时代的发展、科技的进步以及需求的变化，人们可以遵循自己的喜好来选择自己感兴趣的工作和活动，从而发挥自身的创造性、调动自身的积极性，综合发展自身

---

① 马克思，1844 年经济学—哲学手稿 [M]. 北京：人民出版社，1979.
② 马克思，恩格斯. 马克思恩格斯全集. 第 42 卷［M］. 中共中央马克思恩格斯列宁斯大林著作编译局，编译. 北京：人民出版社，1979.
③ 马克思，恩格斯. 马克思恩格斯选集. 第 3 卷［M］. 中共中央马克思恩格斯列宁斯大林著作编译局，编译. 北京：人民出版社，1972.

的能力。另一方面，要全面发展人的个性。人的个性的全面发展是人的全面发展所追求的最高境界。"个性全面发展"指的是，在不受外界的约束和压抑的情况下，人将自身的才能尽情地释放，对自己的时间进行自由的选择和支配，充分发挥自身的主观能动性，从而更好地调控自己的行为，遵循自己的兴趣爱好，实现自己人生的价值。在当今社会生产力允许的范围里，摆脱自然因素和社会因素的束缚，完整地发展最基本的素质，使人进行自主的活动；与此同时，能够自由地支配自己的时间，根据自己的兴趣爱好来进行创造性的活动，将自己的能力自主自觉地发挥出来，协调发展各方面的素质和能力。

（三）人的社会关系的全面发展

马克思说："人的本质不是单个人所固有的抽象物，在大学生全面发展的理论依据其现实性上，它是一切社会关系的总和。"① 这深刻说明了个人与社会是密不可分的，人是社会的人，人的发展受社会发展的制约，人是有社会性的，只有在群体中才能得到充分的发展。社会关系即人与人之间的关系，也就是与人的发展有关的一切联系，它不是外部的事物，是人类自主活动的条件，是由自主活动创造出来的。人要实现全面发展，一个客观条件就是其社会关系的全面发展。人与人在交往的过程中会相互影响，相互促进，从某种程度上说，社会关系是什么样的，人的发展就是什么样的。也就是俗语所说："近朱者赤，近墨者黑。"一个人社会关系的广阔性在一定程度上反映着其全面发展的丰富性。随着社会发展水平和人际交流沟通能力的进步，人与人的关系日益紧密，整个世界也成为一个复杂多变的社会关系网。要实现人的全面发展，就要在物质关系的基础上进一步完善政治法律、思想文化、伦理道德之间的关系，从而形成一个牢固的统一体，丰富和发展人本身，以达到人的全面发展。

由此可见，离开社会关系，独论人的全面发展，注定是一种欠缺实践支撑的理论研究，随着社会关系的不断丰富，人的全面发展也在不断地完善，也就是说一个人的全面发展程度的高低取决于其与他人普遍交往程度和社会关系，在广泛交往中，人的视野会不断得到开阔，从而又反过来促进人的全面发展。因此，人获得更为广阔的全面发展空间的唯一途径就是破除社会关系中的限制与狭隘。

（四）人的个性的全面发展

马克思认为，实现人的个性的全面发展，是人全面发展理论的根本内容和价

---

① 马克思，恩格斯. 马克思恩格斯选集第 3 卷 [M]. 北京：人民出版社，1995.

值追求。个性是人作为实践的主体，在某些方面与他人相区别的整体性特征，因此个性具有倾向性、复杂性和独特性，只有具有个性的人才算是一个鲜活生动而完整具体的人。人的个性发展是个人的独特性和主体性的统一。人的独特性是指人在劳动和社会关系发展中，能自主地约束控制自己的行为，使其行为符合自己的意志，具体表现为人与人之间具有不同的理想、人格、才能等。人的主体性包括自觉能动性、创造性和自主性三个部分，当每个人的自主性得到了充分发展，那每个人就都能成为充分自由的各具特色的人。自由的人是人的个性得到全面发展的基础，而人的自由是受到社会历史条件限制的。社会是不断发展变化的，社会生活中的社会关系也不断呈现出多样化发展趋势，因此要不断发展人的个性和适应社会发展的能力，从而促进人的全面发展。在共产主义社会里，能够实现人真正的自由，人的个性可以得到张扬和发展，社会也会因而丰富多彩，充满活力。

二、人的全面发展与大学生心理健康的辩证关系

（一）心理健康是人的全面发展的基础性内容

心理健康不仅仅是人类特性发展的基础，还是人的自由个性发展的基础和重要内容，同时也是人的社会特性发展的基础。从过程论的角度来看，人的全面发展其实是一个渐进的历史的过程。不管是针对个体还是整个人类，心理健康都是他们所追求的全面发展过程中最基础的条件。个体心理健康水平是个体其他方面能力得到全面发展的重要基础，个体心理健康水平直接制约着其他方面能力的发展，对于个体而言，其心理如果没有得到健康发展，那么个体其他方面的能力也很难得到有效开发，从而不利于个体潜能的发挥。同样道理，群体心理如果没有得到健康的发展，其偏差、扭曲的心理必然会致使群体发展方向也产生偏离。马克思认为人的全面而自由的发展是个体摆脱外在环境对其发展的束缚，全面自由发展的人应是完全、彻底、心理健康的人。人的全面发展和心理健康的关系是相辅相成、相互促进的。心理健康不仅仅是人全面发展的基础性内容，更是人类孜孜不倦追求的全面发展历史过程中的理想境界。

（二）追求人的全面发展必须重视人的心理健康

青年大学生在成长的过程中会经历各种各样的压力和困惑，如学习压力、就业压力和感情困惑等，所以心理脆弱是很多青年大学生身上都可能出现的问题。青年大学生的心理问题产生率目前呈现出上升的趋势，甚至还出现了很多自杀的

现象。心理健康对一个人的生命活动非常重要，一个心理问题严重的人很难实现自身的价值和全面的发展。因此，提高人们的心理素质是当前非常重要的一个课题，这决定了人能否发挥自身的主观能动性，实现综合全面的发展；也就是说，心理素质对控制人体自然力的发展有着直接的作用，可以直接影响人体释放活动的能量以及人的整体素质的发展。所以人的心理健康是追求人的全面发展必须要重视的一个部分。

三、心理健康教育在大学生全面发展中的价值

（一）解决心理问题，为全面发展提供基础

通过接受心理健康教育，青年大学生可以学到常见的心理知识，从而更加关爱自己的心理健康。对于学生本身的成长来说，了解一定的心理知识是非常重要的。在日常生活中，有一些学生并不了解神经症的诊断，但是常常会怀疑自己得了抑郁症，盲目地给自己贴上抑郁症的标签。如果这些学生能够接受心理健康的教育，了解更多相关的心理知识，那么他们就能够明确地分清楚抑郁与抑郁症的区别：抑郁是每个人身上都可能出现的心理状况，与其自身当前所处的阶段或者遭遇的问题有关；而抑郁症则需要专业的精神科从时间和程度上进行诊断，并不是自己就可以诊断出来的。大学生在学习了正确的心理健康知识之后，就能够在自己的学习、生活和工作中对这些心理学知识加以运用，解决自己不同阶段出现的心理问题，从而帮助自己保持更好的心理健康状态，实现身心健康的全面发展。此外，大学生还应该对危机干预进行学习和了解，更加珍爱自己的生命。危机干预对大学生的心理健康也非常重要，这是因为危机具有不可补救性，危机一旦发生，就没有办法去弥补，生命结束了就没有办法重来。危机干预知识的普及，能够避免发生更多的悲剧，从而使大学生明白生命的重要性，并且在力所能及的情况下帮助他人。所以，大学生的心理健康教育中应该融入生命教育，并且将其放在非常重要的位置。通过这种教育，大学生能够更加认知和理解生命的意义，更加珍惜自己宝贵的生命，树立正确积极的人生观和生死观。

（二）超越自我，促进全面发展

要把握好人生转折。人一生有三个关口，一定要想到心理咨询师、婚恋、择业、育儿。这三个关键时期，对人的发展有着至关重要的作用，甚至决定性作用。人生是由无数大大小小的变化组成的。一个变化与下一个变化之间，人们常常称之

为转折点。有些转折容易实现，有些则需要付出代价。顺利实现转折意味着成功地完成了过渡，心理上完成了转变。正确认识自我，悦纳自我。认识自我之后，就是接纳自我了，更好的发展是悦纳自我。自我接纳是人健康成长的前提。一个人如果不接纳自己，连自己的问题都不敢正视，那他怎么能引导自己向上？更何况，在生活中，不接纳自己的人常会把很多能量用在自我否认和排斥上，带着那么多对自己的不满、失望，甚至否认和拒绝，又怎么可能成长？在我们身边，很多同学会紧张、会害怕、不喜欢自己、不快乐……我们不能说这些同学有心理疾病，而是应当认为他们对自我的认识还不够，对自己要求过高，没能做到悦纳自己。正确地认识自我，不高估也不低估，找到属于自己的路，做最好的自己。

四、基于全面发展理论的心理健康教育创新

（一）为大学生心理健康教育构建良好的育人环境

1.构建大学生心理健康教育的社会环境

大学生主要生活在校园里，但是随着互联网的快速发展，大学生接触到的东西已远不拘泥于校园之中，社会这个大环境对大学生的影响日益凸显。为此，我们应该更加深刻地意识到社会极力营造良好的环境、氛围的紧迫性和关键性。首先，应大力弘扬中国传统文化，提倡全民阅读的好习惯，构建书香社会。从"全民阅读"两次写入《政府报告》到今年两会首提"书香社会"概念，这些无不凸显了党和政府对全民阅读、构建学习型社会的关注和提倡。读书是构建属于自己心灵世界的过程，在这个浮躁，物欲横流的社会，人们更多关注的是外在财富的增减，选择的读物也大多是功利性能给自己带来外在利益的书籍，殊不知我们物质生活越来丰富的同时，精神生活却颓废了，灵魂也跟不上了。读书的重要性，越是在不爱读书的时代，越是表现得尤为明显，事实上，读书越多的人越是能守住自己内心的平静，越是不会被外在环境所困扰，阅读经典书籍对心理发展有极大的促进意义。政府引导和制度保障是两个不可或缺的重要层面，各级政府要积极为构建"书香社会"凝共识、加大投入、完善设施、开展活动，以"官员"读书身体力行，树立榜样，营造好的社会大环境。其次，社会媒体工作者应弘扬主旋律，传播正能量，坚持正确的社会舆论导向。新闻媒体是思想、文化传播的重要载体，得运用好这一传播工具，巩固和壮大积极健康向上的主流媒体，使其不断向社会展示昂扬向上的社会现象，尤其是在关于大学生心理问题方面，用正确

的舆论引导社会主流价值观，端正人们对心理问题的认识态度，使社会可以更加科学正确地对待心理问题，逐渐消除人们对心理问题认识的误区和偏见。

2.优化大学生心理健康教育的学校环境

环境对于青年大学生的成长存在非常重大的影响。因此，应该为学生打造一个健康积极、充满活力的校园环境，树立良好的校风和学风，促进学生身心健康的全面、协调发展。在高校校园中，很多学生在遇到心理困惑时会想去寻求教师的帮助，但是因为担心其他同学异样的目光、担心碰到认识的教师以及担心教师也不能真的解决问题等原因而放弃寻求帮助。我们应该消除这种在高校校园中普遍存在的现象，对心理问题、心理疾病、精神问题等科学内涵进行广泛的宣传，使学生能够对心理问题产生正确的认识，而不是对心理问题讳莫如深。其实每个人在生活中都会出现或多或少的心理困惑，这属于一种正常的现象。在西方社会，当人们产生心理困惑无法解决时去看心理医生是非常常见的。心理健康和身体健康是同样重要的，我们应该多关注自己的心理健康，学会给自己的心理健康做保健，开发自己的心理潜能，不能等到自己的心理真的出现问题之后再去寻求医生的帮助。随着学生更加深入了解心理知识，他们就会对心理咨询更加理解，也就不会对所谓心理有问题的同学再带有异样的眼光，这样就能营造出一种宽容与理解的校园氛围，使学生能够更加自由、主动地去对自己的心理健康进行探索。

此外，学校应该大力提倡阅读，营造书香浓郁的校园氛围。随着社会和科技的发展，人们的物质生活变得非常丰富，但是随之也产生了一些生活中的问题，如人们常常感觉到生活有些喧嚣和躁动等等，这些问题产生的原因就是文化的缺失。文化的缺失使人们的生活缺乏强大的心理做后盾，就像热锅上的蚂蚁一样，无法做到"齐家治国平天下"。这些道理大家都听过且能够明白，但是真正能够做到的人却很少。人们都知道阅读有很多益处，却很少有人能够真正地静下心来阅读，其中包括高校的领导和教师在内，有的人自认为学历高，所以疏于学习；有的人拿工作忙当作借口，怠于学习；还有的人因为感觉学习没有现实"效益"，所以懒于学习……以上这些都是现代人不阅读的理由。其实，"吾生有涯，学海无涯"。古语云："其身正，不令而行，其身不正，虽令不从。"高校教师应该为学生树立起良好的榜样，起到模范带头的作用，引导学生养成阅读的良好习惯和学习风尚。古往今来，"达则兼济天下，穷则独善其身"，我们应该从自身做起，树立更高远的人生目标。在当今知识信息爆炸增长的情况下，知识更新换代的速度非常之快，我们不能故步自封，而应该紧跟时代步伐，不断地进行创新和开拓，不断地对自己掌握的知识进行更新，同时拓展知识的广度和深度，不断地完善自己的知识结构。我们既不可以止步于要"嘴皮子"，玩嘴上的功夫，做"嘴尖皮厚腹中空"的"山间竹笋"；也不能满足于要要"笔杆子"，做"头重脚轻根底浅"的"墙上芦苇"；我们要坚持不懈地奋进，保持一种"及凌云处仍虚心"的自信与追求，摆正学习的位置，认识到学习的重要性。在现代高校校园中，我们应该引入传统文化，将中西思想进行结合。中国传统文化历史悠久、源远流长，其中包含着儒家、道家、佛家三种主流思想，这三种思想各有特点、各彰异彩，将学术与文化的命脉贯穿其中。儒家、道家、佛家这三者之间虽然有着矛盾和斗争，但是也在融合发展，所以才有"以佛治心，以道治身，以儒治世"的说法。其中，儒家思想主张为人处世应该保持勤谨、持重、担当、中庸的心态，使自身能够在处理事情的时候做到圆融通达，使自己具有号召力和影响力；佛家思想则主张四大皆空，面对世事应该保持以慈悲为怀、不怨天尤人的心境，使自己更加坚强、从而和豁达，将人与人之间的冲突有效地降到最低；而道家思想则是主张要保持自然无为、返璞归真的心态，这种心态并不是要让人一味地圆滑世故，而是让人获得为人处世的智慧，这样不但可以避免产生矛盾，还能化解已经产生的矛盾和纠纷。我们在日常工作中应该遵循被实践证明了的马克思主义基本原理，将马克思主义全面发展理论作为所有工作的指导思想，不断地提高和完善自己，实现自身的全面发展。所以，高校应该优化大学生心理健康教育的校园环境，培养学生的阅读习惯，让学生通过阅读来了解中国的传统文化，增长知识，陶冶情操；同时高校也应该引导和疏通大学生的心理疑惑，满足他们在学习和生活上的正当需求，让学生的身心全面健康发展。

3.为大学生心理健康教育的发展营造和谐的家庭环境

在家庭教育方面，很多家长一直存在一种误区，认为家庭教育就是开发孩子的智力，所以当下送孩子去各种补习班、兴趣班的行为就不难理解了。其实这是一种误解，家庭教育最重要的作用应是建筑孩子健全的人格长城，小学是培养孩子人格雏形的阶段，一旦荒废了，长大后就来不及了，我们往往会发现，人的价值观其实在高中时期就已经形成了，上了大学之后，大学生只会根据自己既有的价值取向去选择哪些课程要听，哪些不要听。所以说大学教师可以只是经师而不是人师，而家长和小学教师必须是人师，孩子小的时候并不是从知识去学习，而是从人的态度去学习，家长的态度深刻影响着孩子长大后对这个世界乃至对自己的态度。事实证明，孩子如果在儿时没有建立健全的人格，教育错在了起跑线上，那么某种意义上来说，这个孩子一生的努力都将只是在不断延伸和扩大这个错误。家长应多关心孩子的成长，主动与他们沟通，分享他们的喜怒哀乐，听取他们的心声，尊重他们的决定，不能将自己的意志强加于孩子的身上。父母应当了解孩子的心理所想，与他们进行平等的心理交流，给他们精神上的支持和理解。以身作则往往比棍棒式教育来得更为彻底，心理营养很重要，缺了也要补回来。

（二）提高大学生自我调适能力，促进其全面发展

要培养大学生人际交往的能力，使他们学会在人际沟通中信任、尊重和宽容对方，以真诚待人，通过自己的真诚来赢得交往对方的信任和尊重，从而收获真诚的友谊。对于青年大学生来说，其情绪必然会受到人际关系的影响，大学生如果能够在自我心理调适的过程中拥有良好的人际关系，那么就能获得支持和力量，发自内心的产生亲和力、归属感和安全感，从而在学习和生活中能够保持更好的心态和情绪。

大学生应该正确应对学习、生活和就业中存在的压力。首先，大学生在面对紧张的学习和生活时，应建立适合自己的规律性生活体系，例如制定与自己生物钟吻合的作息时间表，然后按照制定好的时间表学习和生活。其次，要实现脑力劳动与体力劳动的有机结合。脑力和体力的交流和使用不仅有助于消除心理疲劳，还能够调节心理压力，平衡失衡的身心。对于学习压力、贫困和就业困难造成的心理压力，首先要勇敢和冷静地应对。最后，要塑造良好的心理素质，提高抗干扰能力，为自己设定崇高目标，培养高尚情操和人格。

大学生还应该将脑力劳动与体力劳动进行有机地结合。交换使用脑力和体力不仅能够帮助大学生消除精神上的疲劳，还能调节大学生在学习和生活中产生的心理压力，平衡身心。勇敢面对学习、生活和就业上的心理压力，冷静应对。要塑造良好的心理素质，提高自身的抗干扰能力，为自己设定崇高的目标，培养自身高尚的情操和人格。

同时，大学生还应该保持心态的平衡。大学生在面临困难和问题时，应该首先对自己的能力和处境进行把握，在此基础上不断地调整自己的心态，保持乐观、坚强、自信的态度。从心理学角度来看，如果一个人能够在生活中保持自信、坚强、乐观的心态，并且及时调整自己心态，那么就能够走出心理困境、战胜自我。

大学生也要树立起正确积极的恋爱观。爱情是非常珍贵和美好的感情，对于已经成年的大学生来说，恋爱是一件自然而然的事情，但是考虑到自己的心理没有完全成熟，经济也没有完全独立的实际情况，所以大学生还是应该冷静、理智

地对待恋爱。在恋爱时，大学生要处理好恋爱与学业的关系，同时也要注意提高自身的抗挫折能力，意识到人生中无可避免地会遇到困难和挫折，感情也同样如此。这是因为在现实生活中，人所有的需要、追求和人生理想并不能总是全部得到满足，会因为需要无法满足或者目标无法实现而遭遇挫折。在面对这些挫折时，大学生要做好心理准备，及时调整自己的心态，用积极的态度来应对，避免这些挫折对自己正常的生活和学习造成严重的影响。大学生挫折教育的一个重要方面是通过展示人类社会生活中的挫折事件来培养其面对挫折的能力，使大学生明白不能沉溺于挫折中，而应该保持心理的平衡和活力，不断地战胜挫折，在锻炼和考验中得到成长，不断地前进，从而培养其对未来生活的适应能力和适应周围环境的能力。

（三）转变观念

1.高校应树立科学的教育理念

教育在一定程度上是一种教育理念的传播和落实。教育工作者应当树立科学的教育观，贯彻落实以学生为本的准则，一旦没有正确理念的引领，教育只会是纸上谈兵，立德树人更无从谈起。我国是教育大国，在走进教育强国及高等教育强国之列之前，我们还有很长的路要走，更应脚踏实地。我国目前的高等教育人才培养质量与社会经济的发展不相适应性日益凸显，这些问题与我国教育理念不够成熟是分不开的，高校应当转变思想观念，构建新的发展模式和道路。树立科学的教育观是高校心理健康教育发展水平重要环节，更是教育发展水平走向新台阶的关键一步。

2.消除大学生心理健康教育的错误观念

是否拥有健全人格、良好心态、健康的心理素质决定了当代大学生能否实现人生价值，进而为实现中华民族伟大复兴梦贡献力量。分析当下大学生各种心理问题产生的原因，归根到底在于当下的应试教育越来越背离以人为本的教育目标。社会、学校、家长都在追求高分，以分数、成绩论"英雄"，而忽视了孩子心灵的成长，其实决定孩子一生的不是成绩，而是健全的人格。然而，一直以来，不管是施教者还是受教者对于心理健康教育理念都有一定程度上的认知偏差。大多数人均认为大学生心理健康教育的对象只有心理有疾病的人，但其实可以这样说，普遍的大学生在不同程度上都会存在心理健康问题，或轻或重。但这种思想却根深蒂固地影响着心理健康教育的发展。无论是学校还是家庭，都普遍重视对学生科学文化素质、思想政治素质的培养而忽略了学生的心灵成长；就连孩子自身也天真地以为只要生理健康就万事大吉了。要消除这种认识误区，当务之急是从教育主体着手。首先，教师作为学生的心灵导师，用其扎实的理论功底和渊博的知识带领着学生走进智慧的殿堂，他们的举手投足都对大学生产生着重要影响。倘若教师对心理健康教育的理解存在一定的偏差，那么其必然会将这种观念在无形中传递给学生并任其发展，从而使学生在认识上和行为上都对心理健康教育产生误解，阻碍高校心理健康教育工作的开展。教师须正确学习心理健康方面的知识，清楚地区分心理问题和思想问题以及心理问题与心理疾病之间的区别，提高自身综合素质，切实关注大学生们的心理健康。其次，学生应当加强对自身心理健康的关注，在学习科学文化知识之余，不断提高自身心理素质，以科学的态度对待心理健康教育。

3.从"问题教育"到"心理资本的开发"

从心理资本的角度来看，心理健康除了是一种心理状态之外，还可以指一个人改善环境和自我意愿的能力。当一个人身处逆境和挫折时，这种能力能够使其保持客观的自我认知和积极应对的态度。传统的大学生心理健康的教育模式是对学生的情绪和行为问题进行干预和预防，但是这种模式容易使学生产生误解和排斥的心理，并伴随着产生悲观的情绪，使学生感觉自己有严重的心理疾病。因此，我们应该改变以往心理健康教育的模式，更加注重开发学生自身的心理资本。教师要积极地对学生进行引导，使学生能够客观地认识自己，而不应该只是干预学生所存在的问题，还要帮助学生开发自身的心理潜能，从而走出当前的困境，将心理资本的积极作用发挥出来。目前，我国大学生的心理健康教育面临着一个问题，那就是解决问题的速度跟不上出现新问题的速度。甚至可以说，解决的问题越多，随之出现的问题也就越多。常言道："授人以鱼，一日享用；教人以渔，终身受用。"高校可以通过开展团体辅导、讲座等方式，促进大学生全面发展，有效预防大学生出现心理问题。

（四）加强组织领导，做好统筹规划

1.建立健全领导体制和机制

我国高校现行的制度是党委领导下的校长负责制，其中党委是学校的核心和最高领导，其重要责任之一就是从全局和战略的角度对大学生心理健康教育的各方面的工作进行统筹和规划。

首先，高校要严格把关准入机制。事实上，我国较早时期就已经在一些特殊行业建立了心理选拔机制，所以也应该为心理健康教育从业者设立适合该行业的准入制度，严格把控心理健康教育教师的准入门槛。一个自身心理不健康的教师无法完成教书育人的任务。

其次，高校应该增加投入在大学生心理健康教育上的经费，切实地提高了心理健康教育的保障水平。从资金来源来看，我国大学生心理健康教育目前面临的一大问题就是长期缺乏与大学生心理健康教育相匹配的专项教育经费；而我国大部分高校都是非营利或微盈利的机构，很多资金来自自身的收入，这就导致了能够用于大学生心理健康教育的资金非常匮乏。因此，高校可以尝试为大学生心理教育开辟更多的渠道，加强与社会之间的联系和互动，从而吸引更多的社会团体和企业的参与，推动成立支持大学生心理健康教育发展的专项基金。

最后，高校还应该整合现有的资源，努力将资源优势进行互补。高校可以从其他大学聘请知名的心理学专家，可以允许这些专家不在本校任职，但一定要能够保证与高校之间长期保持密切的联系，从更高远、更客观的角度审视大学生心理健康教育的发展，并给出切实有效、科学合理的意见和建议。

2.健全师资队伍

即使得到再好的制度保障、资金支持，再强的政府引导、高校重视，如果没有专业的高素质的心理教育师资队伍，则所有的规划都将只是水中月，镜中花，不能变为现实。高素质的专业师资队伍需要强有力的制度保障。联合国教科文组织是这样规定学校心理健康教育教师资格标准的：首先，拥有教师资格证书是从事心理健康教育教学工作的首要条件；其次，工作经验要在五年以上；最后，相关心理学课程研修的经历也是必不可少的。心理健康教育不同于其他教育的重要之处就在于它工作的对象是人的心理，只有教师具备了上述人格特征之后，能接近学生、走进学生的心理，从而打开学生的心扉，更好地开展工作。最后，在互联网飞速发展、信息爆炸的当今社会，知识的更新速度让人瞠目结舌，教师只有不断更新自己的知识结构，不断地提升自己思想道德素质、心理素质、身体素质和职业素养，才能适应新常态、新问题、新变化，跟上时代步伐。

第三节　大学生全面发展教育的实现路径

一、坚持正确培育方向

（一）坚持党的教育方针

党的教育方针是"坚持教育为社会主义现代化建设服务、为人民服务，把立德、树人作为教育的根本任务"。2018 年 9 月，习近平总书记在全国教育大会上发表讲话，进一步指出，要坚持党的教育方针，围绕"培养什么人、怎样培养人、为谁培养人"的根本问题，抓好高校教育工作[①]。目前，为了能够培养出承担民族复兴的建设者，我们应注意以下几个方面。

首先，我们要注重培养大学生群体的理想信念。理想信念是一种精神支柱和精神火炬，可以引领大学生人生的发展，引导大学生朝着正确的方向前进。大学生肩负着民族复兴的重任，而这一艰巨的任务需要坚定的理想信念的支持。大学生要有坚定的精神信念，坚信社会主义建设事业必胜，为国家和民族不断奋斗，随时准备为中华民族的复兴而贡献自己的力量。

其次，我们要注重培养大学生群体的道德修养。德育是素质教育的第一位。只有修身养性，才能立身。只有品德高尚的人，才能坚持正确的价值判断，具有强烈的社会责任感，为祖国发展和人民利益奋斗一生。要引导大学生树立起正确、积极的人生观，能够在日常生活中正确地把握和处理个人、集体和社会这三者之间的关系，以正确的价值观来引导自己的行为，勇敢地承担起社会责任。

再次，我们要注重培养大学生群体的科学文化素养。习近平总书记强调"事业靠本领成就。广大青年要自觉加强学习，不断增强本领"[②]。我们要引导和监督大学生，使他们能够充分利用各种各样的社会文化资源，以此来丰富自己的知识储备，从而成为一个个有学问、有能力的实干家。我们要引导大学生增强问题的意识，善于学习，乐于思考，坚持不懈地追求真理。我们要引导大学生树立宽阔的国际视野，探索世界发展中存在的规律，了解事物发展的原理，从而成为具有科学文化技能和专业知识的高素质人才。

---

① 新华社　习近平出席全国教育大会并发表重要讲话 [EB/OL]（2018-09-10）[2022-09-19].www.gov.cn/xinwen/2018-09-10/.
② 习近平 . 在知识分子、劳动模范、青年代表座谈会上的讲话 [M]. 北京：人民出版社，2016.

此外，我们还要注重培养大学生的奋斗精神。"新时代是奋斗者的时代""幸福是奋斗出来的。"①"中国梦需要中华民族一代又一代的奋斗者艰苦奋斗。"② 奋斗代表着我们对于劳动的尊重和对自我价值的超越。我们要用梦想的力量来激发大学生的意志，使他们能够努力奋斗、坚持不懈。

最后，我们要注重培养大学生的创新能力。时代和科技的发展离不开创新，习近平总书记强调"创新是民族进步的灵魂，是中华民族最深沉的民族禀赋"③。大学生肩负着民族复兴的重任，所以他们需要树立创新的意识，具备创新的能力，这样才能获得知识，抓住遇到的每一次机遇，迸发出劳动的创造力。高校只有始终落实为党和社会培育建设者和接班人的任务，党才能牢牢把握对高校工作的领导权。要促进人的全面发展，其重要的途径就是教育。只有坚定不移地推动我国教育事业的改革和发展，让教育事业沿着正确的方向发展，才能培育出肩负历史使命的开拓者、奋发者和奉献者，培育出合格的德智体美劳全面发展的社会主义建设者和接班人。

（二）培育和践行社会主义核心价值观

习近平总书记指出，"中国大学教育必须注重大学生社会主义核心价值观培育，并将其融入大学教育整个过程中"④。社会主义核心价值观具体阐述了青年群体在国家、社会和个人三个层面上的具体道德准则，明晰了青年群体在三个层面上的行为要求。高校在坚持立德树人基本教育方针的过程中，必须将社会主义核心价值观融入其中，渗透到各个教育环节，从而使社会主义核心价值观覆盖到高校教育及管理，强化其在大学生中的影响力和感染力，使大学生形成正确的思想和价值观，培养爱学习、爱奉献、爱祖国的人格品质。习近平总书记指出，青年一代要"修德立身"，要正确认知并践行社会主义核心价值观，在日常生活与学习中，才能崇德向善、见贤思齐。在社会主义核心价值观指引下，塑造理想人格，担负起民族复兴重任，"社会主义核心价值观"是对党的教育方针中"立德树人"的准确表达，其将大学生所树之"德"具体到"国家""社会""个人"三个层面，为大学生日常生活学习指明了具体行为要求⑤。大学生群体目前主要由"90 后"和"00 后"组成，他们的价值观更多元。在改革开放社会环境下，各国联系更为紧密，

① 习近平.习近平谈治国理政（第一卷）[M].北京：外文出版社，2018.
② 习近平.习近平谈治国理政（第一卷）[M].北京：外文出版社，2018.
③ 习近平.习近平谈治国理政（第一卷）[M].北京：外文出版社，2018.
④ 习近平.习近平谈治国理政（第一卷）[M].北京：外文出版社，2018.
⑤ 习近平.习近平总书记教育重要论述讲义 [M].北京：中央文献出版社，2022.

西方意识形态伴随着经济交流而逐步深入，给大学生群体以价值观冲击。大学生群体信息甄别能力不足，易沉迷不良信息，为此，必须在多元文化环境中，坚持社会主义核心价值观在教育领域的引导作用，教会大学生群体以大学生全面发展的路径探析正确价值观应对日常生活学习。只有在教育事业中以社会主义核心价值观为指引，才能在整个校园培育正向主流价值观，形成良性校园文化，达成高校思想共识。

在大学校园内贯彻社会主义核心价值观，可从以下几方面着手。

首先，发挥思想政治教育课堂的主阵地作用。高校需要重视思想政治理论课的作用，让这门课程作为社会主义核心价值观传播的主要场所。在教学方式方面，改革部分高校单一的教学方式，借助多媒体、视频资料等新技术创设课堂情境，创新教学模式，吸引学生参与到课堂学习和互动中来；在教学内容方面，"没有情感的道德就变成了干枯、苍白的语句，这语句只能培养伪君子"[1]。深刻阐述了情感教育的重要性。因此，教育工作者必须深入了解学生的心理、情感倾向性，才能启迪其情感，获得大学生对社会主义核心价值观的情感认同。价值观教育应融入大学生所关心的各类问题，聚焦时事，通过讨论等有效形式，让学生深入思考、各抒己见，进而提高学生的积极参与度，让学生意识到社会主义核心价值观和自我的成长息息相关。这对于高校的思考课程提出了更高的要求，需要思政课教师灵活地将教育教学与课堂管理结合起来，通过思想政治教育课激发学生对社会主义核心价值观的认同，达到使学生主动将认同感变成自我追求的目的。

其次，提升社会主义核心价值观，发挥其育人的作用。大学教师的责任是为学生传授知识、消除学生的疑惑，同时在进行课程教育时借助良好的行为和习惯为学生树立榜样和模范。特别是深受学生喜爱的高校优秀教师。他们传播着公共价值，其思想动态对学生价值观的形成有着深远的影响。因为教师的专业素质和思想水平对学生成长的会产生深刻的影响，所以广大高校教师必须不断自觉提高自身的积极性和主动性，来践行社会主义核心价值观，用正确的思想来对自己进行武装，提高自身的道德水平，为学生产生良好的影响。

最后，构筑实践平台，巩固社会主义核心价值观理论教育成果。"纸上得来终觉浅，绝知此事要躬行。"这告诉我们一个非常重要的道理，那就是只有在实践中巩固理论学习才能取得更好的效果，社会主义核心价值观的教育也是同样的道理。高校在宣传核心价值观的同时，也应该为学生搭建起实践的平台，让学生

---

① 苏霍姆林斯基. 苏霍姆林斯基教育箴言 [M]. 北京：教育科学出版社，2016.

更加深刻地理解社会主义核心价值观的内涵，从而将这种价值观内化为行动。

高校要为学生拓宽实践活动的渠道，引导大学生在工厂、农村等基层一线开展具体的社会实践工作，真正理解社会主义核心价值观中蕴含的"爱国、敬业"的真实内涵；此外，高校还可以派遣经验丰富的教师对学生的社会实践进行指导，通过丰富多样的社会实践活动，如社会调查、专业实习等，更有效地将社会主义核心价值观渗透到大学生的思想观念中，激发学生的奉献精神，培养学生的责任感。

在新时代大学生中培育和践行社会主义核心价值观，有利于其规范日常行为，内化于心，外化于行，从一开始就扣好人生的扣子，从而促进个人的全面发展。

二、建立健全高校大学生全面发展保障体系

（一）发挥思政教育三大课堂主导作用

1.第一课堂：以思想政治理论课教育为主要渠道

思想政治理论课教育可以从以下方面着手。一是要推动习近平新时代中国特色社会主义思想进课堂、进头脑。要让学生明晰党和国家赋予大学生群体的期望，提升大学生群体思想认知，使大学生群体明晰自身承担的民族复兴责任，将个人发展与中国梦相连接。进行理论宣讲，调动学生学习马克思主义理论的热情；通过理论竞赛，检验学生理论掌握的深度；通过座谈，了解大学生群体在个人发展中的困惑，并给予正确指引。二是要开展国内外形势与政策教育。开展思想政治教育的一个重要途径就是进行形势与政策教育，通过设立形势与政策线上和线下课堂，不定时开办形势与政策报告会，整理专门的形势与政策资料库等措施，使大学生深刻理解和领会党和国家的最新理论成果。高校思政教师要能够用马克思主义基本原理分析新时代下社会遇到的问题，将理论知识和具体的实践相结合。从而使学生在正确认识国内和国际发展趋势的前提下，增强自身的民族自豪感和社会责任感，有判断正确和辨别错误的能力，自觉地把自己的前途命运和国家的兴旺发达结合起来，做新时代的开拓者。

2.第二课堂：要发挥社会实践在思政教育中的辅助作用

习近平总书记指导青年一代要"躬身实践、知行合一、在实践中学真知、悟

真谛"①。青年一代社会实践要"在基层实践中学以致用、增长本领"②,社会实践是对大学生进行全面发展教育的重要途径之一,社会实践的开展可以从以下几个方面入手。

首先,可以开展社会志愿服务和发展公益事业。高校共青团组织要积极履行自身肩负的职责,将实现大学生全面发展的目标作为自己工作的中心和主旨,积极开展各种丰富多彩的大学生青年志愿服务活动,将大学生作为主体,开展一系列科学有效的高校志愿服务事业,从而培育大学生正确积极的三观,更好地发展社会公益事业。志愿服务活动可以让大学生走出校园、走出课堂,与社会深入接触,从而激发其主体意识和责任感,全面提高综合素质。

其次,可以让大学生深入到基层去感受社会实际,从而增强其责任意识。高校可以积极组织学生深入基层和一线进行社会实践,可以采取各种形式,如寒暑假社会实践、毕业实践等,开展"扶贫下乡""精准扶贫政策推广团""脱贫攻坚志愿团"等一系列活动,帮助大学生深入现实,为学生提供活动平台,帮助其树立正确的择业观和价值观。

再次,可以引导大学生感受我国优秀的革命文化,增强其精神信仰。高校可以组织和开展红色社会实践基地学习的活动,让大学生通过亲自走访、参观和学习,感受党的奋斗历程,以及新时代背景下党的伟大事业,让大学生的精神受到洗礼,激发出奋斗的精神。

总而言之,为了能够使各方面能力得到全面发展,大学生要广泛参与社会实践,激发全面发展的意识。目前,大学生参与社会实践的意识和途径相对来说存在着一定的不足。对于大学生来说,社会实践不仅能够帮助自己积累社会经验,同时也能实践自己学到的专业知识,也有助于锻炼和提高身体素质。比如,在进行基层岗位的社会实践时,为了锻炼大学生的体魄、磨炼大学生的身心,就要求他们具备良好的身心素质,能够适应艰苦环境和繁重的体力劳动,这是对大学生体质的锻炼,可以锻炼身心。

3. 第三课堂：发挥网络媒介在思政教育中的辅助作用

网络环境下,微电影、翻转课堂、慕课以及弹幕课堂等网络学习方式正在引发教育变革。慕课的资源共享模式、弹幕的实时交流模式等一系列"互联网＋教育"的开展,创新了大学生教育方式。高校开展网络课堂教育可以从以下几方面着手。一是善于利用网络新媒体,使其成为高校思想政治教育良好的宣传平

---

① 习近平. 在知识分子、劳动模范、青年代表座谈会上的讲话 [N]. 人民日报, 2016-04-30 (2).
② 中共中央文献研究室编. 习近平关于青少年和共青团工作论述摘编 [M]. 北京：中央文献出版社, 2017.

台。学校可以通过本校的官方宣传平台及时更新最新的新闻时事、社会关注热点等，充分发挥互联网大数据的优势进行正面舆论导向，形成全方位的新媒体阵地，传播弘扬正能量，对大学生的思想进行正面实质引导。二是创建学科"网络课堂"APP，使大学生能进行随时随地学习，促进大学生利用碎片时间完成知识积累。三是成立微信公众平台，及时更新大学生关注的信息，及时为大学生答疑解惑，理清思路，助力大学生全面发展。

（二）实施德智体美劳"五育"并举教育模式

为了推动学生素质的全面发展，应实施五育并举的教育模式，通过对学生的德、智、体、美、劳素质的全面培养，建立完善的教育体系，促进大学生全面发展。

1.德育

德育也就是指思想道德教育，是高校教育的重要组成部分，其中包括政治教育、思想教育和道德教育。德育可以教育学生树立正确的价值观，培养他们的爱国情怀，使其能够满足社会主义建设对人才的需求。我们应该把立德树人的理念作为指导思想，打造思想政治课程体系，加强课程思想政治建设，使高校的道德教育体系更加完善，将隐性教育与显性教育有效地进行结合，使德育更加全面地渗透到学生的学习和生活中，进一步深化对学生的思想政治教育。

在课程建设方面，高校应该优化思想政治课、通识课和专业课，形成以思想政治必修课为核心、思想政治选修课为骨干、通识课程为支撑的三位一体的课程体系，然后将专业课程作为分支，从而使课程体系更加完善、更加合理，对学生进行系统化的教育，推动学生道德品质的发展，并在教育中渗透社会主义核心价值观、中华优秀传统文化、爱国情怀等内容。

为了实现思政教育的目的，高校还可以将思政教育与社团联系起来，将思想政治课程与社团对接，完善教育体系，建设思想政治社团，使德育更好地融入学生社团活动中，对社团活动全过程进行覆盖，从而将教育作用更好地发挥出来。如此一来，社区活动可以对学生进行思想政治教育思想的熏陶，使学生对思想政治教育产生更高的积极性。

此外，高校还可以营造思想政治教育环境，对学生的思想观念产生积极影响，在学校组织相关的活动，开展思想政治教育，鼓励学生积极参与其中，学生在参与公益活动的过程中，能够受到启发，接受更有效的思想政治教育，进而提高自身的思想道德水平。

2.智育

智力教育是高校应重视的教育内容，它指的是通过传授科学知识以及技能来实现对学生智力的培养，属于教育的基础。应对智力教育进行全面改善，结合当前国家对人才的需求明确教育的目标，将德育与智育结合起来，改善教育中的基本要素，包括教师、教材以及教学方法。由于部分院校教师存在资源不足的情况，缺少优质教材，采用的教学方式比较单一，无法满足学生的发展需求，所以应对教师的能力进行提升，改善教学内容，使教学方式发挥出有效的作用；积极建立完善的专业结构，制订合理的课程体系，使教学顺利开展。教学方式及内容应符合学生的特点，加强对教学的创新，进而提升教学的整体质量。学校还需加强学风建设，使学生的学习态度得以端正，规范组织纪律，使学生具备正确的认知及道德观念，为其学习质量的提高带来帮助。教师应对课堂文明进行规范，使学生养成良好的学习习惯，激发其学习积极性。通过诚信教育的实施，可使考风考纪得到严肃，使学生在学习及考试中具有诚信观念，不作弊、不造假，在良好的学风中开展学习。此外，应对学业标准进行全面明确，使考核方式及指标得到优化，发挥出约束及激励作用，为学生的学习监督带来相应支持。

3.体育

目前，在学生的全面发展中，体育锻炼具有重要意义。高校要重视学生的身体素质健康发展，为其提供支持，让学生通过进行体育锻炼拥有较好的身体素质和运动能力。高校要积极推进体育课程建设，全面教育学生的体育道德、品德和精神，让学生树立正确的体育意识和观念，丰富体育运动的内容，对学生身体指标提出明确的要求，通过体质监测和运动技能测试，让学生了解自己的身体情况，增强学生运动的积极性，使他们养成良好的锻炼习惯和健康的生活习惯。此外，高校还可以组织各种各样的竞赛活动，鼓励学生参与其中，使学生的运动技能在比赛中得到锻炼，树立起公平竞争与合作的意识，帮助学生的身体健康发展，进而显著提高学生的体育素养水平，为他们的健康成长打下良好的基础。

4.美育

美育就是美学教育，也可以称之为审美教育。通过接受美育，学生可以形成正确的审美观，培养自己欣赏美和创造美的能力；通过接受美育，学生可以受到道德的教化，树立正确的审美价值观，以正确的审美观念看待事物，进行文化的传承，实现全面的发展。学校应完善公共人文道德教育体系，在培训计划中加入艺术课程和实践，让学生深入学习，从而提高审美能力和艺术素养水平。建立多元化的美育评价体系，使学生爱好艺术，并且能够具备良好的艺术素质，树立正确的审美观、培养高尚的审美情操。

高校还可以为学生组织丰富的美育活动，以此来弘扬中华优秀传统文化，让学生在特色文化影响下树立正确积极的理念，同时借助情感的教育方式来对教育效果进行强化，在潜移默化中让学生发展自身的文化素质。

5.劳动教育

在党的领导下，我国对劳动价值及劳动精神弘扬等更加重视，为了推动社会劳动关系的和谐发展，应加强对学生的劳动教育，使我国的整体实力得到提升，进一步提高社会的生产能力。劳动教育是将教育与劳动结合起来，可使学生的脑力劳动、体力劳动实现共同发展，为学生的手脑并用及各项素质的发展带来保障。学校应重视对学生的劳动意识及技能的培养，使学生能够服务他人，树立劳动情怀，以劳树德。应将劳动教育与人才培养方案融合起来，使课程内容得到完善。通过渗透劳动精神、工匠精神使学生理解劳动的意义，并在认识劳动、崇尚劳动、体验劳动等环节中形成正确的劳动观念、态度及品质。应借助实践的形式加强教育的效果，院校可根据自身情况组织学生参加实习、实训等，探索劳动清单制，借助日常生活劳动、社会实践劳动以及职业体验劳动等开展实训，让学生参与宿舍劳动、校园劳动等活动，在实践过程中加强学生的体验，并对学生的参与情况进行总结。开展各种形式的劳动活动，可使学生形成良好的习惯，并且具备公益服务意识和奉献精神，发挥出教育的作用，让学生体验劳动的艰辛，使其热爱劳动、尊重劳动人民，并且珍惜劳动成果，实现实践育人的目标，进而促使学生全面发展。

（三）重视高校其他部门保障作用

大学生的培育需要高校各部门密切配合，而不是某一部门的单一工作，所以高校应该充分地发挥各方的力量，合力管理和推进大学生的全面发展，使大学生全面发展的培育工作更好地进行。

大学生全面发展的培育需要党、政、工、学、团各方的力量的支持，并且要将这些力量进行有机统一。我们要坚持党的领导，将党放在领导地位，将党在大学生全面发展培养中的核心作用发挥出来。具体而言，就是应该在党委的统一领导下科学地开展大学生的培育工作。党委是广大党员的组织，其中高校组织体系是由高校党委和各级党组织共同构成的，这种组织体系发挥着组织领导的作用。

大学生全面发展的培育工作中，党委发挥着重要的作用。高校党委应该根据学校教育教学的中心工作和实际情况，监督和引导学校的教育教学计划，监督学校对党和国家教育政策的贯彻落实情况，听取教师代表大会的工作意见，发挥党员特别是优秀党员干部的模范带头作用，有效开展大学生全面发展的培育工作。

与此同时，高校还应该通过工会和共青团来开展大学生全面发展的培育工作，将工会和共青团的组织作用和行政领导的主体作用发挥出来。其中，行政领导通常是指高校具体工作的直接领导和负责人。在大学生全面发展的培育工作中，这些行政领导的教育观念和行政能力发挥着非常重要的作用。而校长则是高校行政体系和教育教学工作的第一责任人，需要对组织、领导、协调、监督大学生全面发展等工作负起责任。

高校应该把学生的培育工作看作一项系统工程，校长统一领导，各级行政机关和人员相互配合，科学地开展大学生全面发展教育教学工作，促进大学生全面发展。行政领导应该在教育工作和行政工作中贯彻落实大学生全面发展的培育理念，将学生处和共青团的协助配合作用充分发挥出来。学生处和共青团是与学生接触最密切的基层组织，在学生全面发展的培养工作中发挥着纽带的作用，所以学生处和共青团应该将自身优势积极地发挥出来，帮助学生树立全面发展的理念，促进其全面发展。社团是大学生组织不可或缺的组成部分。加强对学生社团的管理可以间接地加强对学生的管理。高校要重视对社团的管理，发展丰富多样的社团，同时营造良好环境来促进社团的发展，积极引导社团开展社团活动，与学校学生教育教学工作密切配合，共同促进学生健康发展和素质提升。因此，在高校校园中开展社团活动，对于丰富大学生的生活和精神都有着重要的意义，能够促进大学生的全面发展。高校还可以根据大学生的具体特点，组织和开展丰富多样的校园文化活动，如歌唱比赛、辩论比赛、联欢会、运动会等，让大学生强健体魄、培养情操、增强活力、提高自信、拓宽视野、开发潜力，并对学习和生活持有积极乐观的态度。

总之，大学生的全面发展需要高校所有部门之间相互配合，起到支持和保障的作用，将党、政、工、学、团各方的力量积极发挥出来，共同为培养出全面发展的高素质人才。

（四）重视社会力量的教育作用

大学生全面发展的培育工作不仅仅是学校的工作，整个社会均应共同助力大学生全面发展。首先，要坚持社会舆论对大学生群体的正向引导。社会只有营造正确的舆论导向，凝聚正能量思想，才能帮助大学生树立起政治自信、文化自信等。一是树立高质量正向舆论，减少负向舆论。社会媒体宣传应以正面导向为主，这是新闻舆论工作必须坚持的基本原则，但是，正向宣传不是掩饰事实，而是立足事实、尊重事实，让社会明晰事实真相，如在新冠肺炎防控期间，媒体既要关注治病救人的正向引导，也要报道在疫情防控管理过程中出现的管理失误，让百姓看到政府抗击肺炎之信心的同时，给人民抗击肺炎共克时艰的自信。这些正向舆论引导能够帮助大学生树立正确的价值观，引导大学生在今后的学习及工作中，为社会主义建设事业积极努力。二是要树立典型社会学习榜样。在大学生成长进程中，榜样的力量发挥着重要引导作用。在本次抗击新冠肺炎报道中，钟南山、李文娟、张文宏等一系列社会榜样，经过新闻媒体及网络宣传，树立起了具有感召力的正能量社会榜样，引导大学生学习，为大学生全面发展树立起榜样资源。其次，要发挥各领域人员的实践引导作用。大学生全面发展需要整个社会给予关注。社会力量的参与影响着大学生全面发展的社会化进程。农民、工人、公务员、专家、军人等各个社会领域的人员，都应参与到大学生全面发展培养体系中来。社会力量协调整合，才能帮助大学生形成正确的社会认知观念，尤其在大学生进工厂、进单位"实习"的进程中，其对岗位工作一无所知，需要"引导者"帮助其完成"无知"到"熟知"的过程。农民、工人、公务员、专家、军人等各个领域的社会力量则发挥重要角色引导作用，这些群体正在承担社会主义建设者的角色，并且正在逐步将社会建设的重任传递给新一代大学生，只有以自己的工作经验和正确价值认同指导大学生实践，才能完成传递的任务。再次，要重视家庭对大学生的影响作用。家庭环境对大学生全面发展具有潜移默化的影响作用。一是传递正确的价值观。家长是孩子最重要的教育者，这种教育影响潜移默化。伴随着经济的快速发展，思想领域的价值多元化趋势也日益明显，尤其是一些错误、消极的价值观正在侵蚀着青少年的健康成长，加之家长自身对于这些价值观的错误认识和教育，造成部分青少年的价值观偏差。因此，家长应注重自身正确价值观，以社会主义核心价值观为主体，将其贯彻于家庭教育之中，使学生树立社会主义核心价值观。二是注重教育方法，提升教育效果。专制型的家庭教育方式并不利于学生的健康成长，家长应转变教育观念，丰富教育形式，做到寓教于乐，通过社会实践、娱乐活动、讲故事等形式，在活动中贯彻教育思想。抓住教育时机，通过一些具有教育意义的节日，如国庆节、清明节、劳动节等增强学生的价值认同。三是言传身教，发挥示范引领作用。家长的一言一行都感染着学生，家长以身作则的教育效果要高于空洞的道德理论教育，因此，家长应注重自身在生活和工作中的言行，树立榜样意识，引领学生学习。四是环境育人，营造良好家庭环境。良好的家庭氛围不仅是学生健康成长的基础，还具有重要的教育价值。和睦、关爱的家庭关系有助于引导家庭成员认同，践履修身之道、齐家之道。

第四节　大学生全面发展教育的创新手段

一、校园文化建设融入大学生全面发展教育

（一）校园文化的内涵与功能

1.校园文化的内涵

校园文化是将学校的教育属性结合起来，除了通过书本对学生进行教育之外，还要在校园中通过环境渲染、实践活动、艺术宣传等手段来传播的独特、丰富、多方位的独特文化。大学校园文化的建设不仅能够满足当今时代对高校教育的新要求，还能在文化领域中落实科学发展观。高校应该大力推进校园文化的建设，在其中融入繁荣灿烂的艺术文化，这样既能够提高学校的办学质量，还能将校园特色发挥出来，同时释放校园文化活力。大学生是祖国的未来和祖国发展的栋梁，是国家人才培养的重点，因此，高校应该格外重视对大学生综合素质的塑造，培养优秀的人才，这就需要高校教育者传播专业知识，同时高校应为大学生营造良好的校园文化，让学生在极高的艺术文化氛围中主动提高自身适应社会的能力。

在高校的发展中，校园文化是基石，展示着大学精神，体现出校园的价值观。校园文化建设活动（如校园文化节、艺术表演、科创竞赛、知识讲座等）还能体现出大学的校训价值观。这些丰富的校园文化活动能够扩大大学教育的范围，使大学教育从课堂走向校园的各个角落，为学生营造出独特的校园文化氛围和良好的学习环境，陶冶学生的情操，使学生探索和发展兴趣，丰富学生的学习和生活。

2.校园文化的功能

（1）提高学生鉴美能力

大学教育的宗旨是对学生进行道德教育，从而培养出对社会有用的优秀人才。因此，教育的道德价值和导向功能对校园文化的各个方面都有着深远的影响。中

国教育因为受到孔孟儒家思想的影响，一直强调培养品行优良的"士"和"君子"。大学生时期是人格培养最重要的阶段，但是在这一时期，很多大学生在思想上还没有完全成熟，容易受到外部世界的干扰和影响。此外，随着科技的发展和互联网的普及，大学生也很容易受到糟粕文化的影响而做出错误的选择，从而走上错误的道路。因此，高校要加强校园文化的建设，提高学生的鉴美能力，让学生在潜移默化中感受和树立良好的人生观、价值观和世界观，帮助学生培养正确的思想道德观，能够鉴别社会文化精华与糟粕文化，提高自身思想道德修养。

（2）增强学生凝聚力

高校校园的包容性很强，有各种不同的群体在此活动。在开展校园文化活动时，高校要从集体性和团队性的角度让学生积极地进行合作，向学生传达凝聚力的重要性，从而有效提高学生的团队合作意识，让学生建立集体精神，帮助学生更好地开展团队活动。此外，通过团队合作，学生能够发现自己的长处和短处，促进自己的发展，提高自身在未来就业中的竞争力。

（3）推动社会进步

高校要培养出德智体美劳全面发展的人才来推动社会的发展、建设社会主义。所以我们要大力推进高校校园文化的建设，满足时代发展和实践科学发展观的需要。高校在向学生传播知识文化的同时，也会对师生的行为和思想产生影响，促进师生的综合素质的发展，从而促进人才培养和社会进步。

（二）校园文化在促进大学生全面发展中的价值

1.校园文化是大学生全面发展的摇篮

人的全面发展要求高校教育要以生为本，充分促进学生个性的自由发展，拓展学生的各项能力。而校园文化的内涵是极为丰富的，其中学生是校园文化的主体，校园是校园文化存在的物理空间，育人是校园文化的主要功能，精神文化、环境文化、行为文化和制度文化等是它的主要内容。积极向上的校园文化可以引导学生建立正确的人生观、世界观和价值观，健全学生的人格，也可以直接提升学生的文化知识水平，进而促进学生的全面发展。校园文化是自觉的、自发的，其作用在于营造一种有利于学生个性自由全面发展的校园文化环境。随着社会进步，学生会用更开放、更丰富的视角来与校园文化进行互动，这种互动会促使学校文化为迎合学生的需要而变化，使校园文化活动更有参与性、信息更具分享性、态度更具包容性，从而促进浸润在校园文化中的个人全面发展，形成良性互动。

2.校园文化是促进大学生全面发展的重要平台

首先，校园文化不仅存在于平时的课堂内，也存在于课堂之外，能够拓展学生的学习。当前，随着网络的普及和知识的爆炸，学生的学习不能仅仅局限于课堂的内容，而是应该要运用成长性思维，自觉地丰富自己的知识储备。大学生在校园里可以通过社群、活动等校园文化来获取知识、增长经验，从而得到成长。可见，校园文化已成为学生重要的知识来源，对促进大学生全面发展起着重要作用。其次，校园文化可以为学生提供一个技能的实践平台。让大学生在校园文化中参与学习活动、实践活动和文化活动，综合提高大学生各方面的能力，使大学生在走出校园后能够尽快适应社会。最后，校园文化可以加速学生社会关系的丰富。如果大学生只注重学习知识和专业技能，而没有参与到实际的社会生活中，那么就可能导致其与社会实际脱离，不利于学生的全面发展。高校在组织和开展校园文化活动时，可以让学生担任组织者和参与者，与其他机构和个人合作交流，从而丰富学生的社会关系。

（三）基于学生全面发展的高校校园文化建设策略

校园文化的建设不应该孤立地进行，而应该保持立体的、相互关联的状态，多部门长期共同合作。因此，高校在建设校园文化时要做好顶层设计，树立"一盘棋"的意识，推动学生全面发展，形成育人合力的局面。

1.以学生全面发展为出发点，完善顶层设计

（1）校园文化设计时要全面，以全面满足学生的需要

一方面，我们应该满足不同学生身上存在的不同的发展需求。良好的校园文化设计应满足学生个性发展的不同需求。另一方面，我们应该满足不同群体的发展需求。不同的学生群体有着不同的需求和特点，高校应该以此为根据，设计与之相符的校园文化，突出活动的重点。

（2）校园文化设计时要对接社会，以全面丰富学生的社会关系

第一，高校在设计校园文化时要对接社会，引导学生树立正确的社会关系观。校园文化建设的目标之一是丰富学生的社会关系，让学生能够意识到良好社会关系的重要性和价值。第二，高校在设计校园文化时要注意提高学生建立和丰富社会关系的能力。在组织和开展校园文化活动时培养和教育大学生加强人际交往的能力，使其具备必要的人际交往能力。第三，高校要鼓励和支持学生参与实践活动，拓展自身的社会关系。在组织和开展校园文化活动时，要保证集体活动、社

会实践等活动的形式足够新颖、内容足够丰富，使知识与实践相结合，丰富大学生的社会经验，使大学生能够端正心态，最终丰富社会关系，提高自身维护关系的能力。

（3）校园文化设计时要明确目标，以全面提高学生的发展能力

学生的发展能力主要包括思想道德素质、身心素质、科学文化素养和人际交往能力、创新能力等可迁移技能，以及自控力、时间管理等自我管理能力。高校文化对大学生的作用就表现在大学生能力的提升。因此，高校对于校园文化的设计不能脱离现实。要从实际出发，提高学生的全面发展的能力，使学生能够适应社会的发展、满足社会的需求。

（4）校园文化设计时要尽量丰富，以全面发展学生的个性

一方面，校园文化要全面发挥个性。即将"重塑学生"更换为"充分发挥个性"，确立针对不同学生个体的个性化教育目标，因材施教，重构考核评价机制，科学评价学生的独特性发展情况。另一方面，校园文化要全面提高学生的主体性。即将教师与学生两个主体的作用进行转移，明确教师的引导者角色和学生的主人翁角色。引导学生自发组织策划校园文化活动，创新活动形式，并逐步自觉、自愿地参与到校园文化中。

2.以学生全面发展为落脚点，健全评价体系

在公众意识中，校园文化建设对学生全面发展具有积极的推动作用，但在评价机制上缺乏一些可观测的科学指标，学生全面发展受校园文化的影响程度、过程及最终的成果均没有科学合理的评价机制。因此校园文化对学生全面发展的评价体系构建应遵循方向性、目的性和主体性三大原则。方向性原则指高校校园文化评价必须以学生是否得到充分全面发展为方向，使学生都可以为社会主义建设服务，并与建设社会主义社会的方向一致；目的性原则指高校校园文化建设应与本校特色及培养目标结合起来，以高校校园文化为更好地促进学生德、智、体、美各方面全面发展服务为主要目的；主体性原则指学生是校园文化的参与者、建设者和受益者。因此在进行高校校园文化评价时，应坚持以学生这一主体是否获益为原则。

3.以学生全面发展为结合点，提升团队合力

在校园文化建设中，虽然学生是校园文化的主体，但我们也不能忽视教师团队的作用。如果没有好的教师团队，就不能有效地运行和支持校园文化。高校应积极支持校园文化建设团队的组建，打破原有的专业教师、思政教师、管理人员

等工作壁垒，按照促进学生全面发展的需要来打造一支专业教师与思政人员共同参与的工作队伍；通过参观学习、挂职锻炼和学术研究等多种途径加强校园文化建设工作人员的能力。也可以聘请专家学者和有建设经验的工作者组成专家团队，对校园文化建设进行指导，通过召开研讨会、交流会、沙龙等活动，对校园文化活动进行品牌提炼和精进。因此，在工作中不仅要明确团队目标，还要给予激励。一方面，明确团队目标可以让团队成员明确学校校园文化建设的希望和要求，以便教师结合自身课程、工作制定出切实可行并对目标有积极推动作用的校园文化活动。同时要不断激发教师的创造力，在强调"以生为本"的同时也重视教师的引导者的角色定位，要充分肯定教师尤其是思政系列教师在校园文化建设中的作用。以生为本，以师为导，这要求教师不仅要充分把握学生的特性和学校的特色，还要具备较高的政治文化素养和组织管理能力，精准地把握校园文化建设中存在的难题，有的放矢地开展工作。另一方面，教师要具有创新创业精神，在困难面前不退缩、敢于探索，既能继承和发扬原有校园文化品牌的优势，又能潜心研究、精准把握新时期校园文化的新特点，始终围绕学生的全面发展来不断地更新育人理念，创新教育方法，开创校园文化建设的新局面。

二、思政教育融入大学生全面发展教育

（一）思想政治教育关于大学生全面发展的理论

1.自身需求的全面发展

在思想政治教育相关的理论中，不同的人对于学生的发展有着不同的表述，主要包含学生对环境的需要、对社会的认知、个人的追求和全方位的追求四个方面。思想政治教育主张，学生最本质、最需要的追求就是其自身的发展，学生的全面发展需要借助同学之间互相沟通协助实现，而非孤立进行。最终达到"天人合一"的境界，也就是社会中个人的自由全面发展。通过对学生需要的进行分析，我们能够看到其中所反映的一种渴求心理，其内涵在于学生对需求的本能追求。人类生来就有各种各样的需求。但是这些需求并非是与生俱来的。学生会在想法实现后不断产生新的想法。总而言之，人类的需求类型多样，每个学生的需要都是从低层次需要向高层次需要发展。

2.社会活动的全面发展

人类生来就带有实践的基因。从本质上来看，从原始社会开始，人类除了自

身独特的属性之外，都是依靠劳动来获得持续的进步，这实际上代表着人类各种活动的综合发展。人类之所以从最开始的猿逐渐进化成为人类，其原因首先离不开人自身的实践活动，其中改造世界的劳动是最重要的部分。思想政治教育工作者常常将"改造对象的活动"称为"劳动"。在需求方面，在与他人互动交往时，不同的人总是喜欢用自己的方式以及自己现有的知识去理解和感知世界，从而全面提升自己的人格修养和技能，更好地理解世界。

3.社会关系的全面发展

在思想政治教育中有很多关于人的全面发展的理论，这是因为人与人之间的互动交流很复杂，分类各种各样不同的类型。这些类型的交往在受到地理关系和政治关系的影响之后，形成多层次的社会关系。人的本质不是一个抽象的东西，而是所有社会关系的总和。人不是孤立存在的，人与人之间的交流和互动需要建立在一定的社会基础之上。思想政治教育原理中有一则理论："人的本质是一切社会关系的总和。"由于人与人之间在一定程度上存在着非常多的共性，所以人与人的关系也在不断地丰富。

4.个性的全面发展

每个学生都有个性，个性又不尽相同，这些个性包含多个方面，主要是身体、心理、智力、情商、感情等。我们都知道，包括这些在内的任何有关社会情感的方面都应该是有所保留的，学生的个性应该得到自由和张扬，应该让每名学生都身处其中。人们在发挥自己的聪明才智的同时，也在发挥和发展他的全部才能和力量。只有把学生的聪明才干发挥到极致，鹰击长空，鱼翔浅底，万类霜天竞自由，才能全面展现他们的才能和才干，发挥他们的工作才能和工作天赋。

（二）思想政治教育关于大学生全面发展的条件

首先，学生的全面发展对很多条件提出要求，比如环境、心理、家庭遗传因素、社会生产力的发展。尤其是社会生产力，因为它为整个社会提供了无穷的财富和动能。其次，社会关系的改造是全面实现人全面发展的一个外部条件，思想政治教育观点认为，不管人再怎么进化，智商行为能力再怎样高超，总是不能脱离社会本身而存在，因为只有这样，思想关系才能够突破社会桎梏的束缚。要想将学生的思想观念把牢，就要做好各方面的工作，使得学生的能力得到提升乃至升华，从而更加强大。而主体能力是指学生能否能动地驾驭实践的心理特征，体现着学生对外部世界、内部世界以及两者关系的清醒把握。总之，在充足的社会条件之下，内因的作用大于外因，要想有效地实现学生的全面发展，除了外部条件之外，更需要学生的主观努力。在这个过程中，学生的主观努力只有在很大的程度上得到提升，才能更好地建立自己和外部世界的链接，更好地去观察世界和感悟世界，所以这也是十分重要的一点，总而言之，学生的实践能力必须要驾驭和把握这些因素。

（三）思政教育促进大学生全面发展的策略

1.增强大学生理想信念，促进全面发展

为促进大学生全面发展，新时代高校思想政治教育不仅要对大学生的理想信念进行引导，更要培育大学生的社会主义核心价值观。只有让大学生真正从心底认同这些理念，才能让他们树立正确的价值观，坚定自己的理想信念。在新时代，要培养大学生的社会主义核心价值观，使大学生维护和实践社会主义核心价值体系。这样一来，大学生才能坚定目标，综合发展。要用社会主义核心价值观来引导大学生的理想信念。高校应该开展思想政治教育，让大学生了解和学习社会主义核心价值观，在学习中受到教育和熏陶，形成正确的价值观。习近平总书记将思想政治教育比作人衣服上的纽扣，只有扣好了第一颗纽扣，剩下的纽扣才能也扣好。因此，高校应将思想政治教育融入社会主义核心价值观教育之中，促进大学生全面发展。大学生对于社会主义现代化建设和中华民族伟大复兴有着至关重要的作用，而与此同时，在人生的这个阶段，大学生的人生观、价值观和世界观还处于早期形成阶段，所以必须将社会主义核心价值观作为指导思想，增强大学生的理想信念，促进其全面发展，从而担当起民族复兴的重任。

2.树立一体化育人格局，促进大学生全面发展

（1）树立全员育人的教育理念

树立全员育人教育理念，有利于解决当前高校思想政治教育中部分主体缺位的根本问题，使其回归其位，形成育人合力，担负起民族复兴大任和作为时代新人的责任与使命，促进大学生的全面发展。各大高校要明确广大教育工作者在高校思想政治教育中的主体地位，补齐主体的短板。一要引导高校思政课教师充分认识到思想政治教育理论课的重要地位，发挥思想政治教育基础理论课的主渠道作用，实现对学生答疑解惑和价值引领的重要功能；二要加强对高校辅导员思想政治教育、心理健康教育创业就业教育等方面的指导和培训，让辅导员在帮助学生解决心理和生活的实际问题的同时成为大学生的知心朋友，关注学生心理健康状态，把握学生思想动态，以班级、年级、学院为单位组织积极向上的校园文化活动；三要贯彻落实"课程思政"的全新教学理念，引导专业课教师扛起"立德树人"这面大旗，围绕促进高校大学生的全面发展开展教育教学工作，充分挖掘自己专业课程中可以对大学生进行思想政治教育的丰富资源，将思想政治教育的理念贯穿于自己的教学工作课程当中；四要加快转变学校团委、学生处等职能部门的育人理念，统筹"大思政"格局中各要素之间安排，通过宣讲团、校园文化展示周、学生榜样讲座、先进事迹报告会等丰富多彩的活动方式加强思想政治教育功能。

（2）树立全过程育人教育理念

树立全过程教育的理念。从大学生进入校园开始，高校就要将立德树人作为教学的根本任务，将其贯穿于大学生的学习、生活和就业中。首先，在落实全过程教育理念中，高校要明确工作的标准，确保在各教育过程中，各教育部门能够相互配合，充分了解教育的实际开展与融合情况，分析和解决不同的教育问题，使教育呈现出"1+1=2"甚至"1+1 > 2"的效果。其次，高校在开展思政工作时，要制定量化、细化的工作指标任务以及相对应的、合理的考察标准。

例如，开展校园文化建设时，共青团负责评选校园精品文化项目，学生处负责评选校园文化先进个人，辅导员负责组织和开展该年度本院系本年级的特色校园文化活动等等，同时还要将结果落实到年度考核中，坚决杜绝"搭便车"现象。

（3）树立全方位育人教育理念

高校各级党委、团委和班级组织是学生教育的组织、管理和实践主体。所以各级组织要开展各种丰富多样、切实可行的实践活动，在这个过程中了解大学生思想动态，把握其中的变化，提高大学生的科学和理论素养，锻炼其工作实践的能力。与此同时，各级组织还要摆脱实践活动中"重能力、轻德育"的错误观念，是组织的实践活动能够调动学生的积极性和参与度，从而使实践活动的科学性和有效性得到提高。高校宣传部和网络信息管理部是高校文化教育和网络教育的主体。各部门要对校园文化的资源进行充分的挖掘，将新媒体平台作为教育的载体，构建先进文化，打造网络教育的新阵地。高校心理健康教育中心的咨询教师是心理教育的主体，高校要把这些教师建设成高度专业化的师资队伍，从而确保大学生的精神健康成长。高校的各工勤部门是高校服务教育的主体；高校辅导员和各级奖励基金组织则是资助教育的主体。高校要进一步对资助工作进行创新和细化，确保其公平公正，以此来激励受资助的学生，帮助他们实现身心健康和全面发展。要真正落实全面育人的教育理念，确保所有高校大学生实现各方面能力的全面发展。

参考文献

[1] 蒋韧，芦球．探讨大学生心理健康教育与生命教育融合的实现途径 [J]．科教文汇（下旬刊），2019（10）：163-164.

[2] 于志英．高职院校学生积极心理品质培育路径研究 [J]．黄冈职业技术学院学报，2019，21（04）：51-53.

[3] 朱默．"互联网＋"时代背景下高校辅导员探求大学生心理健康教育的新路径 [J]．科教导刊（下旬），2019（18）：164-165.

[4] 陈君．大学生心理健康教育与思想政治教育相结合研究 [D]．武汉：武汉大学，2019.

[5] 杨芬．昆明市高校大学生健康支持体系研究 [D]．昆明：云南大学，2019.

[6] 王晓晖．人的全面发展视阈下大学生心理亚健康的对策研究 [D]．西安：西安建筑科技大学，2019.

[7] 陈功．基于体育运动的大学生心理压力应对策略探析 [J]．广西教育，2019（11）：135-136+161.

[8] 王程．新形势下如何有效进行学生心理健康指导工作 [J]．智库时代，2018，（29）：208-209.

[9] 万初燕．大学生心理压力的产生及排解 [J]．佳木斯职业学院学报，2018（07）：127-128.

[10] 康景琪．谈新形势下如何加强大学生心理健康教育 [J]．辽宁师专学报（社会科学版），2018（03）：92-94.

[11] 罗照宇．新形势下大学生心理健康教育的思考 [J]．山西青年，2018（10）：109.

[12] 郭星，刘琨．基于主体性教育理念的大学生心理健康教育研究 [J]．教育现代化，2018，5（12）：165-166.

[13] 刘敬伟，曹希霞."95后"女大学生心理健康存在的突出问题及教育对策[J].卫生职业教育，2017，35（20）：141-144.

[14] 闫睿鑫.新形势下大学生心理健康发展性理论模式研究[J].当代教育实践与教学研究，2017（09）：78.

[15] 张丽媛，李福亮，高双喜.贫困大学生心理健康问题及对策探索[J].产业与科技论坛，2017，16（16）：168-169.

[16] 黄晨.团体辅导下大学生心理档案管理策略研究[J].山西档案，2017（01）：67-69.

[17] 于姗姗.高校大学生心理健康教育中的问题与对策探索[J].产业与科技论坛，2016，15（15）：164-165.

[18] 樊琳琳.我国大学生心理健康教育问题研究[D].济南：中共山东省委党校，2016.

[19] 吕开东.大学生心理咨询服务需求分析及对策研究[J].思想政治教育研究，2015，31（06）：132-134.

[20] 吴霞.改革开放以来大学生心理健康教育研究[D].重庆：西南大学，2015.

[21] 林耀钦.浅谈大学生心理健康及思想政治教育对人全面发展的意义[J].学周刊，2014（19）：22.

[22] 李焕玲.心理健康教育课程对大学生积极心理品质培养作用研究[D].桂林：广西师范大学，2014.

[23] 刘云.瑜伽学习对提升大学生心理健康水平的研究[J].赤峰学院学报（自然科学版），2014，30（05）：140-141.

[24] 秧珍珍.探索高职院校的心理健康课程建设[J].时代教育，2013（15）：264.

[25] 张茂丰.转型时期的大学生心理素质及其拓展教育研究[D].太原：山西农业大学，2013.

[26] 彭美贵.现代化视角下大学生和谐人格建构研究[D].南京：南京理工大学，2013.

[27] 田薇，李运刚，齐艳飞，等.大学生存在的心理问题及对策[J].教育教学论坛，2012（S2）：157-158.

[28] 杨志强.关注大学生心理健康教育，促进素质教育全面发展[J].中国校外教育，2012（18）：43-44.

[29] 朱玲 . 试论新时期大学生心理健康教育及新教育机制的构建 [J]. 工会论坛（山东省工会管理干部学院学报），2011，17（04）：113-114.

[30] 郭庆 . 大力推进大学生心理健康教育工作，创建和谐校园 [J]. 才智，2011（19）：259-260.